Inhaltsverzeichnis

SOCIAL MEDIA

Das Handbuch für Social Media Marketing auf Facebook, YouTube und Instagram für Einsteiger und Unternehmen

Das große Sammelwerk der beliebten Social Media Bücher von Mike Kaulitz, überarbeitet und neu veröffentlicht

Einleitung

Facebook, Youtube, Instagram, Twitter, Snapchat, Google+, Pinterest, LinkedIn, Xing, usw. Social Media Netzwerke gibt es inzwischen mehr als genug. Jedes davon hat andere Stärken und Schwächen, andere Zielgruppen, andere Herangehensweisen und verschiedene Funktionen. Im Meer der Social Media Plattformen findet man sich deshalb gerade als Anfänger oft nur sehr schwer zurecht. Auch Unternehmen, die das erste Mal damit konfrontiert werden, dass sie unbedingt über eine starke Social Media Präsenz verfügen sollten, wissen oft gar nicht, wo und wie sie anfangen sollten und wie man von Beginn an richtig ans Thema Social Media rangeht.

Inzwischen sind große Social Media Plattformen wie Facebook, Youtube und Instagram nämlich enorm wichtig geworden und weit mehr als eine Spielerei. Mit Social Media Marketing werden heutzutage Millionen und Milliarden verdient, neue Marktplätze geschaffen und täglich neue Kunden akquiriert. Wer professionelles Advertising auf Social Media Plattformen versteht und richtig anwenden kann, wird allein durch Social Media enormen Erfolg erreichen, egal ob als frisch gebackener Einzelunternehmer oder als großes Unternehmen bzw. Konzern.

Das Problem: Eine starke Präsenz auf sozialen Netzwerken benötigt viel Zeit, Arbeit und eventuell auch einiges an Kapital, wenn man dazu noch Anzeigen schalten möchte. Deshalb ist es umso wichtiger, dass du dich nicht sofort auf alle nur erdenklichen sozialen Netzwerke stürzt, alles gleichzeitig ausprobierst und damit garantiert Geld verbrennst, sondern deinen Fokus auf einige wenige Social Media Plattformen legst und dort deine Accounts mit Sorgfalt und einem durchdachten Plan aufbaust.

Meiner Meinung nach bieten Facebook, Youtube und Instagram die besten Voraussetzungen dafür, relativ schnell eine große Reichweite aufzubauen, mit der du so einiges anstellen kannst. Hast du auf allen dieser drei Plattformen eine starke Präsenz und viele Follower, steht deinem Wachstum nichts mehr im Weg, egal ob du noch blutiger Anfänger, frisch gebackener Selbstständiger oder bereits der Kopf eines großen Unternehmens bist. Fokussiere dich für den Anfang also am besten NUR auf die genannten drei Netzwerke und versuche nicht, gleich auf allen Social Media Plattformen erfolgreich sein zu wollen.

Im Folgenden werde ich dir Strategien und verschiedenste Möglichkeiten zeigen, wie du dir 3 solide Marketing-Säulen auf Facebook, Youtube und Instagram aufbaust und damit zu einem Experten im Bereich Social Media werden kannst.

Viel Spaß!

Einführende Worte zu Facebook

Facebook ist mit seinen mehr als 2 Milliarden Usern das meist genutzte soziale Netzwerk der Welt. Seit 2004 registrieren sich immer mehr Privatpersonen, Stars und Unternehmen auf der von Mark Zuckerberg gegründeten Plattform. Nationale und internationale Kommunikation und Verbreitung von Beiträgen, Fotos und anderem Content wird aufgrund der schier unendlichen Anzahl an Nutzern sehr einfach. Kleinste Schnipsel an Informationen gelangen so in Sekundenbruchteilen ans andere Ende der Welt. Mit der Gründung und dem stetigen Erfolg von Facebook lässt sich praktisch schon eine neue Stufe der Digitalisierung feststellen. Ohne die sozialen Netzwerke geht gegenwärtig fast gar nichts mehr. In einem Zeitalter, in dem die Anzahl der digitalen Freunde, Follower und deren Likes fast wichtiger ist, als jede persönliche, menschliche Interaktion, ist das Rennen um jeden Klick, jeden Like und jeden neuen Freund zu einem großen Konkurrenzkampf geworden. Denn es geht nicht nur um Genugtuung, Reichweite und Kontakte, sondern auch um eine ganze Menge Geld. Und mit Geld kommen Unternehmen, Marketing, Werbeanzeigen, und, und, und.

Eine erfolgreiche Facebook Page zu betreiben ist somit für jedes Unternehmen mittlerweile essenziell. In der digitalen Welt funktioniert Kundengewinnung unter anderem eben genau so. Durch soziale Medien. Also wird niemand um den Vorreiter Facebook herumkommen. Firmen beauftragen extra Personal, um den Social Media Auftritt voranzutreiben. Sie entwickeln spezielle Strategien zum Erlangen von Reichweite und machen Werbung für ihre Produkte. Aber auch Privatuser wollen sich von der Masse an Mitgliedern abgrenzen und herausstechen. Jeder möchte Erfolg, Einfluss und Reichweite mit seinem Account aufbauen. All diese Attribute können auch dafür verantwortlich sein, als Influencer zu gelten. Solche Influencer, mit der Reichweite einer großen Fangemeinde, sind für Firmen enorm interessant. Durch sie wird für Produkte Werbung gemacht, und damit Geld. Sie werden dafür bezahlt oder bekommen die zu bewerbenden Produkte gestellt.

Gehörst du auch zu den Menschen, die aus der Masse herausstechen wollen? Du möchtest eine erfolgreiche Seite auf einer der wichtigsten sozialen Plattformen betreiben und vielleicht sogar ein professioneller Influencer werden?

Gut, denn auf den folgenden Seiten wirst du lernen, wie du diesem Ziel deutlich näher kommst. Dir werden die Grundlagen des Facebook-Marketings vorgestellt und du erfährst Schritt für Schritt, wie du vorgehen solltest, wenn du in absehbarer Zeit eine große Reichweite aufbauen willst und neue Fans und Freunde über Facebook für dich gewinnen möchtest. Weiterhin kannst du dich informieren, wie Werbung auf Facebook genau funktioniert. Die wenigsten wissen nämlich, wie man Facebook Ads RICHTIG schaltet.

Also, wenn du bereit bist, in neue Dimensionen auf Facebook vorzudringen, nimm dir etwas Zeit für diese Lektüre und lerne, erfolgreich zu werden.

Viel Spaß beim Lesen und Lernen.

Wozu nutzt du Facebook überhaupt?

Grundsätzlich ist es ja so, dass du, ich und Millionen andere User bei Facebook angemeldet sind, um abzuchecken, was unser eigentliches soziales Umfeld so macht. Man stalked praktisch legal seine Freunde, auf welchem Konzert sie am Wochenende waren und welche Veranstaltungen sie so in den nächsten Tagen noch besuchen werden, etc. Ach ja, außerdem wirst du dich wohl auch an den niedlichen Videos der Nachbarskatze erfreuen, wie sie grade gekrault wird (Klischee).

Du erweiterst als normaler User praktisch dein Privatleben von der realen, in die digitale Welt, ohne vielleicht irgendwelchen Inhalt zu produzieren. Du stehst in Kontakt mit deinen Bekannten und klickst Dinge an, die dich interessieren. Wie im normalen Leben auch. Nur eben digital. Außerdem erweitert sich dein digitaler Bekanntenkreis nochmals, da dieser nicht nur aus Freunden und Bekannten besteht, die du sowieso schon recht häufig siehst, um dich mit ihnen auszutauschen. Freundes-Freunde und Leute die du zwar schon mal gesehen hast, aber womöglich noch nie mit ihnen gesprochen hast, stehen dann noch auf deiner Freundesliste.

Zudem gehört es praktisch schon zur Pflicht, Mitschüler, Lehrer und Arbeitskollegen auf Facebook zu adden, um nicht im realen Leben außen vor gelassen zu werden. So kommst du für einen Privat-Account schon auf eine beachtliche Summe an Freunden. Doch das ist noch gar nichts, im Gegensatz zu den Seiten von bekannten Personen und Unternehmen. Das liegt auch daran, dass die Aktivitäten auf deiner Seite vorwiegend nicht für alle, sondern nur für deine Freunde ersichtlich sind.

Apropos, was musst du überhaupt beachten, wenn du eine erfolgreiche Facebookseite betreiben möchtest, bei der dir nicht nur deine direkten Bekannten und Freundes-Freunde folgen? Mit einer eigenen Fanpage, geschlossener Gruppe oder ähnlichen Möglichkeiten auf Facebook, kommst du in den Besitz einer äußerst wertvollen Zielgruppe. Und diese gilt es zu pflegen und möglichst groß werden zu lassen. Wie du genau vorgehen solltest um das zu erreichen, erfährst du im Folgenden.

Neu auf Facebook

Was muss ich tun?

Schritt 1: Deine eigene Seite gestalten

Das Konzept

Wenn du wirklich über eine interessante und möglichst ansprechende Seite nachdenkst, geht nichts über ein gut durchdachtes Konzept. Eine gute Idee, wen du überhaupt mit was erreichen willst, ist schlicht und ergreifend das Wichtigste. Einfach drauf los posten bringt meist überhaupt nichts, weder auf Facebook noch auf anderen Social Media Plattformen.

Also überlege dir gut, was du für eine Seite betreiben möchtest. Soll deine Seite einfach nur privat sein, damit du deine Freundesliste wie gewohnt weiterverfolgen kannst? Dann betreibe doch einfach deinen Account so weiter, wie du es bisher getan hast. In den Sicherheitseinstellungen kannst du die Privatsphäre nach Belieben verwalten, Facebook bietet dir da sehr viel

Freiheit. So können dann z.B. nur Personen auf deiner Freundesliste deine Aktivitäten auf Facebook verfolgen. Sei dir aber im Klaren, dass du so keine wirklich erfolgreiche Seite betreiben kannst, die über eine große Reichweite und entsprechende Einfluss verfügt. Da du dir dieses Buch geholt hast, gehe ich nämlich davon aus, dass du genau das erreichen willst, und da reicht eine private Facebook-Seite nicht mehr.

Eine mögliche Variante ist natürlich auch, dass du deine private Seite von der Seite getrennt hältst, auf der du geplanten Content veröffentlichen willst und aktiv Marketing betreibst. Damit kannst du beides tun, dich privat auf der Spielwiese des sozialen Netzwerkes Facebook austoben und ohne Sorgen deinen Inhalt für deine Marke bzw. dein Unternehmen auf Facebook posten.

Kurzfassung: Trenne privat und geschäftlich konsequent, das gilt auch für Facebook. Versuche nicht, deinen privaten Account irgendwie und ungeplant mit deinem Unternehmen/Marketing zu vermischen, damit kannst du nämlich nie das volle Potential ausschöpfen.

Deine Profil- bzw. Seitenbeschreibung

Hast du dich nun entschieden, eine Seite nicht nur zu deinem persönlichen Vergnügen aufzubauen, solltest du mit dem Erstellen deines Profils beginnen. Prinzipiell ist die Erstellung dieses Profils natürlich nichts anderes, als das was du schon beim Einrichten deiner persönlichen Seite gemacht hast. Zudem leitet dich Facebook sehr angenehm durch diesen Prozess. Beim Erstellen einer neuen Seite kannst du genau auswählen, welchem Zweck sie dient und kannst sie genau auf deine Ansprüche individualisieren. Dennoch gibt's einige

Dinge zu beachten, die du gegebenenfalls anders machen solltest als gewohnt, vor allem dann, wenn es sich nicht um eine private Seite handelt.

Achte beispielsweise darauf, dass der Name deiner Seite zu dem passt, was du eigentlich veröffentlichen willst. Du möchtest ja schließlich, dass die neuen potenziellen Fans deiner Seite keine Überraschung erleben. Sie wollen, dass du ihnen genau das lieferst, was du vielleicht schon mit dem Namen deiner Seite ankündigst. Wähle also am besten einen seriös klingenden, aber auch nicht zu „spießigen" Namen. Die meisten Facebook-Nutzer sind momentan im Alter zwischen 15 und 35 Jahren, du hast es also vorwiegend mit einer jungen Zielgruppe zu tun. Ein lockerer Umgang, Ansprache mit „Du", etc. sind also sehr empfehlenswert, außer du bist in einem etwas heikleren Sektor wie Versicherungen tätig, dann ist davon natürlich abzuraten.

Außerdem solltest du nicht vergessen, ein ebenso passendes Profil- und Titelbild zu wählen. Wenn du Inhalte veröffentlichen willst, wird dies ohne ein anständiges Image-Bild nicht funktionieren, denn dann wirst du wahrscheinlich nicht ernst genommen. Du bist praktisch gesichtslos, wie der weibliche oder männliche Avatar, der das Bild ersetzt, falls du keins eingefügt hast. Hast du mal mit einer Person ohne Profilbild auf Facebook geschrieben? Da fehlt was, egal ob man die Person kennt oder nicht, nicht wahr? Achte bei der Auswahl also darauf, dass das Profilbild für einen vertrauenswürdigen und professionellen ersten Eindruck deiner Seite sorgt. Dieser Punkt ist immer sehr wichtig, egal auf welchem sozialen Netzwerk du unterwegs bist. Profilbeschreibung und Profilbild hängen stark zusammen und bilden eine Einheit, die professionell und nachvollziehbar für den Konsumenten sein sollte.

Eine anständige Profilbeschreibung ist wichtig, damit sich die anderen User deine Seite auch ansehen. Füge also Dinge in die Profilbeschreibung ein, die auch zu dem Content passen, den du auf der Seite veröffentlichen willst. Der potenzielle neue Fan soll ja direkt beim ersten Kontakt auch etwas vom Hintergrund und Zweck deiner Seite erfahren. Siebe die Dinge aus, die dafür notwendig sind. So kannst du beispielsweise wunderbar deine Arbeitgeber bzw. Geschäftspartner eintragen, oder wo du sonst noch überall tätig bist. Du kannst außerdem noch die Bildungseinrichtungen dort auflisten, die du besucht hast. Das zeigt dem Besucher deiner Seite, dass du was im Kopf hast, du es ernst meinst und diese Seite seriös betreibst. Es schafft also Vertrauen, und das ist unbedingt notwendig, um neue Follower zu gewinnen.

Selbstverständlich solltest du auch noch Verknüpfungen zu deinen anderen Social-Media-Accounts, wie Instagram, Snapchat, YouTube oder Twitter erstellen. Vergiss also auf keinen Fall, relevante Links in deine Profil- bzw. Seitenbeschreibung einzubauen! Im Verlauf des nächsten Kapitels wirst du noch ein paar Dinge erfahren, die im Umgang mit diesen Verbindungen zu beachten sind.

Content, Aktivität und Interaktion

So, nachdem nun der erste Eindruck stimmt und schon User auf dich aufmerksam geworden sind, musst du deine Seite noch mit den richtigen Inhalten füllen. Schließlich willst du ja, dass die anderen Nutzer möglichst lange auf deiner Seite bleiben, sich die Seite anschauen, deinen Content liken und am besten noch teilen und weiterempfehlen. Denn nur so kannst du auch bekannt und für Werbung interessant werden. Das geht am einfachsten, wenn du den Nutzern einfach das gibst, was sie im Real-Life auch von dir bekommen würden. Zeige ihnen deine Persönlichkeit und authentische Ausschnitte aus deinem Leben. Sei wie ein guter Kumpel, den deine Freunde und Follower immer treffen können, wenn sie auf der Plattform aktiv sind. Dasselbe gilt auch für Unternehmen. Um eine langfristige Bindung zu den Followern und Kunden aufzubauen ist Transparenz und Vertrauen das A und O.

Gestalte vielfältige Inhalte mit Mehrwert für die Follower

Nachdem du vorhin das einführende Kapitel über das Konzept gelesen hast, weißt du vielleicht auch schon, was du überhaupt posten willst. Es gibt für beinahe alle Themenbereiche bereits funktionierende Facebook Seiten. Fotografen posten dort ihre Fotoalben, andere betreiben eine Seite für ihre Musikband und wieder andere für ihren Sportverein, allerdings haben alle dasselbe Ziel: Mehr Reichweite, mehr Follower.

Füttere deine Besucher also regelmäßig mit nützlichem und relevantem Content, sodass deine Seite nicht schläft, sondern aktiv wird. Lade Fotos und Videos hoch. Veröffentliche Texte, Statements zu bestimmten Themen und, und, und. Allerdings solltest du stets darauf achten, dass jeder deiner Follower und Freunde einen Mehrwert für sich aus deinen geposteten Inhalten mitnimmt. Versetzte dich in die Lage des Followers: Warum sollte er dir oder deinem Unternehmen folgen, welchen Nutzen zieht ER daraus? Grundlegend sollen die veröffentlichten Inhalte drei Funktionen erfüllen, damit dieser Mehrwert gegeben ist. Wenn dein Content für die Follower belehrend, unterhaltend oder emotional bzw. inspirierend ist, dann hast du alles richtig gemacht. Erfüllt er allerdings keine dieser Kriterien, solltest du ihn nochmal überarbeiten. Das gilt übrigens für alle sozialen Medien, nicht nur für Facebook.

Am einfachsten lässt sich die Funktionsweise einer gut gefütterten Facebook Seite an einem Beispiel erklären. Betrachtet man die Seiten der beiden Journalisten Frank Buschmann und Christoph Fuß, stellt man fest, dass sie regelmäßig Updates über ihre Tätigkeiten und Gedanken geben. Wie das funktioniert, zeigen dir die beiden auch noch. Besonders Frank Buschmann ist gut darin, die Formate zu wechseln, wie er seine Updates veröffentlicht. Zum einen nutzt er Videoaufnahmen, in denen er auf vorher zurechtgelegte Gedanken eingeht. Zum anderen kann man immer wieder Kommentare in Textform auf seiner Seite finden. Mal mit Bild, mal ohne. Er teilt sein Leben, seine Gedanken und Ziele mit seinen Followern. Wenn du beispielsweise irgendwo unterwegs bist, wo man dich treffen kann, solltest du das auch deinen Followern auf Facebook mitteilen.

Kommunikation als Basis für deine Seite

Eine Facebook Seite hat den Vorteil und auch den Sinn, mit den Fans, Freunden und Besuchern deiner Seite kommunizieren zu können. Sie reagieren mit Likes und Kommentaren auf deinen veröffentlichten Inhalt. Das gibt dir die Möglichkeit, ebenfalls darauf zu reagieren und dich der positiven, wie auch der negativen Kritik anzunehmen. Hol dir Feedback ein und frage, was du an deiner Seite verbessern kannst, solltest du negative Kritik erhalten.

Sei nicht eingeschnappt oder beleidigt, weil du mal einen negativen Kommentar erhältst. Es kann nämlich durchaus sein, dass unter einem deiner geposteten Beiträge eine spannende Diskussion entsteht, sobald jemand dich kritisiert. Wenn das der Fall ist, funktioniert die Kommunikation zwischen dir und den anderen Usern hervorragend und es ist ein Zeichen dafür, dass deine Inhalte Gesprächsstoff enthalten. Das gefällt auch Facebook, da die Nutzer durch dich auf ihrer Plattform bleiben, die Folge daraus: Du rutschst in der Timeline deiner Follower nach oben und mehr Leute sehen deine Inhalte.

Wusstest du zum Beispiel, dass der Facebook Algorithmus dir nur Beitrage in deiner Timeline anzeigt, die wahrscheinlich am interessantesten für dich sind? Wäre das nicht der Fall, würdest du täglich hunderte Beiträge mehr in deiner Timeline vorfinden, als normalerweise. Facebook zeigt dir also nur die relevantesten für dich an. Also die, bei denen du in deinem Scroll-Automatismus anhältst, die, die geliked und geteilt werden und auch deinen Freunden gefallen. Nutze diesen Prozess für dich und erschaffe auch kontroverse Inhalte, die für Kommentare und Diskussionen sorgen. Stelle dir stets die Frage: Wie schaffst du es, das die Leute auf länger auf Facebook bleiben? Behältst du das stets im Hinterkopf, hast du schon gewonnen.

Wie kannst du Interaktionen mit deinen Freunden starten?

Diese Frage klingt zunächst sehr trivial. Aber die beste Möglichkeit, eine Interaktion zu starten, hast du wie im Real-Life auch, mit Fragen. Ja, genau. Poste Fragen auf deiner Seite, denn dann werden vermutlich mehr Nutzer deinen Post kommentieren. Fragen wie z.B.: „Was haltet ihr von dem Aufstieg der AfD in Deutschland?“ oder „Was habt ihr für Tipps, sich gesund im Schul-, Uni- oder Berufsalltag zu ernähren?“ laden förmlich zum Mitdiskutieren ein. Versuche also, deine Follower direkt anzusprechen und in die Diskussion mit einzubeziehen.

Eine andere Variante ist das Erstellen von Umfragen. Diese haben einen ähnlichen Effekt wie einfache Frage-Postings. Sie sind mit einem Klick erledigt und liefern dir nicht nur qualitative, sondern auch quantitative Daten über deine Follower. Diese kannst du dann natürlich auch für weitere Aktionen und Aktivitäten auf deiner Seite verwenden, deine Produkte und Dienstleistungen darauf anpassen, usw.

Fotos, mehr als nur Bilder?

Man sagt ja, „ein Bild sagt mehr als tausend Worte“. Für die Kunst mag das stimmen, auf einer Plattform wie Facebook macht das allerdings keinen Sinn. Fotos sind die erste von vielen Möglichkeiten, die dir in den Sinn kommen sollten, wenn du Persönlichkeit zeigen willst. Es reicht jedoch nicht aus, einfach eine Hand voll Fotos hochzuladen, ohne etwas dazu zu schreiben.

Außerdem befinden wir uns auf Facebook, nicht auf Instagram. Fotos stehen also nicht eindeutig im Mittelpunkt. Nutze diesen Aspekt als Möglichkeit, eine Art kurzen Tagebuchbeitrag zu posten. Fotos lassen sich im Zeitalter des Smartphones überall aufnehmen und von überall veröffentlichen, aber deine Freunde und Follower brauchen noch etwas mehr. Füge dem Bild einen kurzen Text hinzu, damit der Betrachter weiß, was grade bei dir so abgeht. Wenn möglich, solltest du auch noch den Ort, wo das Foto entstanden ist und andere Personen auf dem Foto verlinken. Nutze alle Möglichkeiten, die Facebook dir bietet und vorschlägt.

Die „Story“ auf Facebook

Eine weitere Form, die Fans auch ohne Fotos auf dem Laufenden zu halten, ist vorwiegend von Instagram und Snapchat bekannt. Nachdem dort die „Story“-Funktion so grandios eingeschlagen hat, wurde die Funktion nun auch bei Facebook eingerichtet. Nutze die Story beispielsweise, um deinen nächsten Livestream anzukündigen oder Ähnliches. Allerdings sollte die Story nie im Mittelpunkt stehen, da sie nicht das Hauptkriterium auf Facebook ist und auch nicht sein sollte.

Videos auf Facebook - Was ist anders?

Klar kannst du auch ganz normale Videos auf deiner Facebook-Seite hochladen. Da gibt's allerdings einige Kleinigkeiten zu beachten. Facebook ist nicht YouTube! Diese Feststellung mag jetzt erstmal ziemlich banal klingen, aber es gibt essenzielle Unterschiede zwischen den beiden Plattformen. YouTube ist dafür gemacht, dass sich Menschen dort Videos anschauen. Daher sind dort auch viele Videos mit einer Länge von 15 Minuten oder mehr zu finden. Das funktioniert auf Facebook nicht. Diese Plattform ist viel schnelllebiger. Das mag auch daran liegen, WO Facebook eigentlich genutzt wird. Und zwar unterwegs und hauptsächlich auf dem Smartphone.

Du schaust dir ja auch morgens in der Bahn oder im Bus auch keine langen Videos an, oder? Beschränke dich deshalb lieber auf kurze Clips von maximal 3 Minuten! Viele Zuschauer klicken nämlich schon nach einigen Sekunden wieder raus, wenn sie für sich keinen Mehrwert in dem Video erkennen! Oft haben sie auch einfach keine Zeit, sich die langen Videos auf Facebook anzusehen, wenn sie unterwegs sind.

Ach ja, du solltest auf jeden Fall auch Untertitel in deine Clips einbauen. Die meisten Menschen nutzen Facebook unterwegs. Nicht alle haben dann auch immer Kopfhörer dabei. Das ist ein großes Problem, wenn du keine Untertitel verwendest. Die User ohne Kopfhörer werden in der Bahn oder im Wartezimmer garantiert kein Video mit Ton anschauen. Deshalb schrecken sie meistens zurück, ein Video anzuklicken bzw. anzusehen. Verwende aus diesem Grund am besten immer Untertitel, sodass jeder User dein Video auch ansehen kann.

„Facebook-Live“ - Fast wie ein persönliches Gespräch

Eine ganz besondere und beliebte Form der Kommunikation ist „Facebook-Live“. Du kannst diese Funktion nutzen, um einen Livestream auf Facebook zu starten. Nutzer die dir folgen, können dann an diesem Stream teilnehmen und ihn ebenfalls live kommentieren liken und teilen, wenn sie Fragen, Anregungen oder Kritik haben.

Bestenfalls liest du dann schon während dem Stream die Kommentare und gehst direkt darauf ein. Des Weiteren wirkst du unheimlich authentisch, wenn du Livestreams veranstaltest. Es kommt noch mehr Persönlichkeit von dir bei deinen Fans und Freunden an, als es durch Fotos und Videos der Fall ist. Follower, die anderweitig nicht die Möglichkeit haben, dich zu treffen oder dir Fragen zu stellen, können das im Facebook Livestream tun, und das erzeugt unheimlich viel Vertrauen.

Am besten gebrauchst du diese Funktion nicht allzu häufig, denn das könnte potenzielle Zuschauer auch nerven. Denke dir spannende Formate aus, mit denen du Follower zum Beispiel wöchentlich in einem spannenden Livestream versorgen kannst, und eröffne nicht planlos einen Stream ohne Thema oder Ziel. Ein solches Format könnte wie vorher bereits angerissen, ein Frage-Antwort-Stream sein. Du erreichst die meisten Zuschauer, wenn du den Stream ganz einfach immer zu dem gleichen Zeitpunkt startest. So können sich deine Freunde und Follower schon darauf einstellen.

Achte auch darauf, dass du immer zu Zeiten streamst, zu denen du auch möglichst viele Menschen erreichen kannst. Es bringt dir nur sehr selten etwas, wenn du um 10:00 Uhr vormittags einen Stream beginnst, da die meisten User um diese Zeit arbeiten, bzw. in der Schule oder Uni sind. Deshalb sind Streams gegen Abend, etwa zwischen 18:00 und 20:00 Uhr am erfolgreichsten. Wenn sie noch dazu am Wochenende stattfinden, am besten Sonntagabend, steigen deine Chancen auf eine hohe Zuschauerzahl nochmals immens.

Facebook ist mehr als nur Posten

All diese Funktionen und Möglichkeiten halten deine Seite lebendig und machen sie interessanter. Nimm dir aber auch dementsprechend viel Zeit für das Lesen der Kommentare. Ansonsten kann es vorkommen, dass du wichtige Anregungen und Wünsche deiner

Follower verpasst und nicht darauf reagieren kannst. Denn je besser die Inhalte und die Kommunikation sind, desto mehr Menschen teilen deine Beiträge und machen sie so auch für Nutzer sichtbar, die dir nicht folgen. Die teilenden und likenden Nutzer treten dann als Multiplikatoren auf. Und das passiert nur, wenn sie merken, dass sie auch gehört werden. Aus diesem Grund ist oben das Prinzip der Freundes-Freunde im Abschnitt erklärt, wozu Facebook eigentlich genutzt wird. Übertreibe es aber nicht. Niemand mag es, von Inhalten und Kommentaren überrollt zu werden.

Dazu ist es ratsam, nicht nur deinen eigenen Inhalt einfach der Welt zugänglich zu machen. Auch anderweitiges Aktivsein hilft dir ungemein beim Bekanntwerden. Indem du andere Beiträge, beispielsweise Artikel aus dem Online-Sortiment von Zeitungen, auf deiner Seite teilst, zeigst du, dass du aktiv bist, dich kritisch mit Aktuellem auseinandersetzt und auf Veränderungen reagieren kannst. Das Liken und Kommentieren anderer Beiträge gehört ebenfalls in diese Kategorie. Denn wie jedes soziale Netzwerk funktioniert Facebook nur durch Miteinander und nicht durch das Gegeneinander von Usern. Facebook ist ein soziales Netzwerk, also sei sozial und du wirst gewinnen.

Richtiges Verhalten auf Facebook und deinen eigenen Stil finden

Wenn du mit anderen Nutzern interagierst, solltest du neben deinem Content auch sehr stark auf deine Verhaltensweise Acht geben. Es ist natürlich selbstverständlich, keine Beleidigungen etc. zu äußern. Jedoch gibt es Verhaltensweisen, die auf Plattformen wie den sozialen Medien besonders gut ankommen, ja die beinahe schon

Standard sind. Und zwar solltest du immer du selbst bleiben, bei allem, was du veröffentlichst, kommentierst und likest.

Wenn du Beträge verfasst, halte dich an eine alltagstaugliche Sprache. Verzichte auf hochgestochene Fachsprache, formuliere deine Sätze stattdessen immer einfach und verständlich. Außerdem ist es ratsam, alle Sprachstile außen vor zu lassen, bei denen man an deinen erworbenen Deutschkenntnissen zweifeln kann. Behalte einen normalen, alltagstauglichen, aber gepflegten Umgangston bei. Formuliere Kommentare so, wie du es in einem Gespräch machen würdest. Du schreibst ja keine formalen bzw. geschäftlichen E-Mails, die einer bestimmten Sprach- und Verhaltensnorm unterliegen. Dazu gehört übrigens auch noch, Emojis zu benutzen. Ob du es glaubst oder nicht, diese Smileys haben einen großen Einfluss auf die Leser, da sie deinen nackten

Texten Emotionen und Tiefe verleihen. So kannst du eine ganze Menge von der nötigen Lässigkeit vermitteln. Denn wahrscheinlich weißt du selber, wie befremdlich und emotionslos es rüberkommt, wenn dir jemand mal ohne Emojis eine WhatsApp-Nachricht schickt. Genau das Gleiche gilt auch bei Facebook-Posts.

So, du hast nun die ersten wichtigen Grundlagen kennengelernt, damit sich andere Nutzer deine Facebook-Seite ansehen, dieser folgen und dort auch deinen Inhalt konsumieren. Das hat zur Folge, dass du aktiv dazu beiträgst, so viele Leute wie möglich zum Verbleib auf der Internetplattform Facebook zu bewegen. Du hast nun also das wichtige Fundament geschaffen, einen funktionierenden Marketing-Kanal, mit dem du viele tolle Dinge anstellen kannst.

Schritt 2: Facebook-Marketing verstehen

Der Algorithmus

Wie schon gesagt, ist das oberste Ziel von Facebook als Konzern, dass möglichst viele User möglichst lange auf der Plattform Facebook verbleiben. Und genau dabei kannst du Facebook unterstützen. Den meisten Usern mag das gar nicht bewusst sein, aber dir kann das im weiteren Verlauf noch sehr viel bringen.

Denn wenn du mit deinen Inhalten dafür sorgst, dass viele User immer wieder auf Facebook zurückkommen, kannst du sicher sein, dass Facebook dich promoten und unterstützen wird. Denn du bist ja einer der Gründe, warum Facebook sein Ziel verfolgen kann. Also ist das im Prinzip eine „win-win-Situation". Facebook bekommt durch dich das was es will, nämlich User, die die soziale Plattform nutzen. Im Gegenzug erhältst du für deinen Support Unterstützung von Facebook, sodass mehr Leute auf deine Seite aufmerksam werden. Ihr pusht euch praktisch gegenseitig immer weiter nach oben. Das macht Facebook nicht nur mit dir, sondern mit Millionen und Milliarden anderen Nutzern.

Relevante Verlinkungen aufbauen

Wie du etwas weiter vorne im Buch bereits gelesen hast, ist es sehr wichtig, Verbindungen mit deinen anderen Social-Media-Accounts auf Facebook herzustellen. Das ist von der Grundidee her auch komplett nachvollziehbar. Um dadurch aber keine Einbüßen durch Facebook hinnehmen zu müssen, gibt es einige Tricks, die du kennen solltest. Logischerweise erscheint es für dich vorteilhaft, so viele Accounts von dir wie möglich auf der Plattform zu verlinken. So werden die Leute auch darauf aufmerksam. Aus der

Perspektive von Facebook ist genau das allerdings kontraproduktiv.

Verlinkst du nach diesem Prinzip beispielsweise deinen Twitter-Account oder ein YouTube-Video, lenkst du die Besucher deiner Seite von Facebook weg. Du stellst praktisch einen Wegweiser auf, der deinen Freunden sagt: „Hey Leute, hier geht's lang, wenn ihr euch das Video anschauen wollt!" Dementsprechend profitiert eher Facebook's „Konkurrent" YouTube von deiner Video-Verlinkung. Genau das ist es, was Facebook vermeiden möchte, da die User ja so lange wie nur möglich auf der Plattform bleiben sollen. Das sind recht einfache Fehler, die sich jedoch genauso easy wieder beheben lassen, wenn man erst einmal verstanden hat, wie das System funktioniert.

Wenn du deine Inhalte sozusagen „auslagerst“, wird dich Facebook nicht mehr unterstützen, da sie ihr Vorhaben so nicht umsetzen können. Daher musst du eine Verlinkung zu anderen Websites geschickter anstellen. Das funktioniert hervorragend, ohne dass Facebook, YouTube oder du davon Schaden nehmen.

Nachfolgend wird dir dieses Prozedere bespielhaft an der Verlinkung eines YouTube-Videos erklärt. Wie du bereits aus dem Kapitel „Videos auf Facebook“ weißt, macht es wenig Sinn, auf dieser Plattform längere Videos zu publizieren. Jetzt könntest du denken, dass im Umkehrschluss eine Verlinkung zu YouTube die Folge daraus sein muss. Aber es gibt eine recht einfache Variante, wie du dieses Problem umgehen kannst.

Schneide aus dem Video, das du veröffentlichen willst, einen kurzen Trailer, der die perfekte Dauer für einen Facebook-Clip hat. So postest du erstens Content auf deiner Facebook-Seite, zweitens bleibt der User erstmal auf der Plattform und drittens ist die Chance hoch, dass sich deine Freunde das Video auf YouTube komplett ansehen. Voraussetzung dafür ist natürlich ein guter Trailer, der wieder den besagten Mehrwert vermittelt. So sind alle glücklich und du erreichst deine Follower sowohl auf Facebook, als auch auf anderen Plattformen. Hat es „klick" gemacht? Wahrscheinlich folgst du selbst einigen großen Influencern und hast jetzt erkannt, dass die meisten davon genau das machen, was ich dir gerade in den vorherigen Zeilen erklärt habe.

Die in den letzten Kapiteln aufgeführten Tipps und Tricks sind die erste Variante, Reichweite zu generieren. Sie sind praktisch für jeden kostenlos anwendbar und werden auch mit der Zeit ihren Zweck erfüllen. Was aber, wenn du grade ein kleines Start-Up Unternehmen gegründet hast und die von dir generierte Reichweite anfangs nicht ausreicht? Organische Reichweite ist zwar kostenlos (mehr oder weniger), benötigt aber in den meisten Fällen sehr viel Zeit um zu reifen und sich zu entwickeln.

Nehmen wir zum Beispiel den Schauspielen „The Rock“ als Beispiel. Glaubst du, als er das erste Mal auf Facebook präsent war, hatte er schon Millionen Follower, die seine Inhalte konsumiert, geliked und geteilt haben? Natürlich nicht. Das ist ein langsamer Prozess, der nicht von heute auf morgen passiert. Du benötigst also ein anderes Werkzeug um dieses Problem zu lösen. Hier kommen Facebook Werbeanzeigen ins Spiel. Eine sehr mächtige Waffe, allerdings nur, wenn man auch weiß wie man sie richtig nutzt.

Schritt 3: Werbeanzeigen gezielt platzieren

Was ist der Facebook Werbeanzeigenmanager?

Der Facebook Werbeanzeigenmanager bietet drei essenziell wichtige Funktionen an, für alle, die auf der Plattform Werbung platzieren möchten. Zunächst soll es bei dem Webeanzeigenmanager überhaupt darum gehen, Werbeanzeigen zu erstellen. Die mit Hilfe dieser Funktion erstellten Anzeigen können dann auf allen Facebook unterstehenden Plattformen (z.B. Instagram) angezeigt werden. Somit sind Facebook und seine Tochternetzwerke mit deinen Anzeigen versorgt.

Zweitens kannst du mit dem Anzeigenmanager deine Anzeigen verwalten. Bearbeitungen der Anzeigen, sowie Foto-, Zielgruppen-, Zeitplan- und Budgetaktualisierungen kannst du im Verwaltungsbereich ebenfalls durchführen. Schließlich bietet dir der Werbeanzeigenmanager noch die Möglichkeit der Optimierung, also alle deine Ergebnisse einzusehen und zu messen. Du musst ja für deine Anzeigenerstellung und Bearbeitung auch wissen, an welchen Stellschrauben du noch drehen musst, damit deine Werbung noch effektiver wird.

Im Anschluss lernst du alle dieser drei Schritte, also Marktplatz, Werbeanzeigen-Erstellung und die richtige Optimierung ausführlicher kennen, um für deine erste kommerzielle Werbeanzeige gut gerüstet zu sein und kein Geld zu verbrennen.

Wie erstellst du eine Werbeanzeige?

Wenn du dich entschlossen hast eine Anzeige zu schalten, gelangst du am einfachsten über deinen Facebook Account oder die Google Suche zum Werbeanzeigenmanager. Einfach auf Facebook rechts oben auf den kleinen Pfeil klicken und „Werbeanzeigen erstellen“ auswählen, und schon bist du im Werbeanzeigenmanager. Cool, oder?

Das Gute an diesem Tool ist seine einfache Handhabung. Willst du mit dem erstellen deiner Anzeige starten, führt dich der Manager durch jeden einzelnen der drei Bereiche deiner Kampagnenstruktur. Er nimmt dich also an die Hand und führt dich angenehm durch diesen, anfangs etwas ungewohnten, Prozess.

Starte deine Kampagne

Da du ja etwas mit deiner Anzeige erreichen willst, musst du dir als ersten Schritt ein Ziel setzen. So kannst du festlegen, was die User machen sollen, wenn sie deine Werbung auf der Plattform sehen. Auch hier gibt es wieder mehrere Optionen, aus denen du wählen kannst. Du kannst deine Werbeanzeige auf *Bekanntheit* auslegen. Dein Ziel hierbei ist es, bei so vielen Usern wie möglich ein wachsendes Interesse an deinen Angeboten zu generieren. Die Werbeanzeige unterstützt in diesem Fall deine, mit deinen Posts bereits generierte, organische Reichweite.

Des Weiteren kann eine Werbeabsicht deinerseits sein, die anderen Nutzer dazu anzuregen, sich über den Werbeinhalt weiter zu informieren. Sie sollen nach dem Anklicken dazu angeregt werden, sich weitere Informationen zu beschaffen, zum Beispiel auf deiner Webseite. Damit erzeugst du

Traffic, also Besucher für deine Webseite, die einem bestimmten Zweck dient.

Schließlich bleibt noch das klassischste Werbeziel aus. Falls du ein Business startest oder bereits betreibst, willst du natürlich auch, dass interessierte Personen deine Produkte kaufen. Im Werbeanzeigenmanager solltest du dazu das Ziel *Conversion* festlegen. Hier ist die Aufgabe ganz einfach, mehr Interessenten in Käufer zu verwandeln.

Kennst du dein Ziel, kann es mit der Zielgruppenbestimmung weitergehen. Hier geht es mehr in die Tiefe und es gibt sehr viele Dinge, die man vor allem als Anfänger bei der Zielgruppenbestimmung falsch machen kann.

Der Kampagnenname

Natürlich solltest du deine Werbekampagnen auch im Manager wiederfinden können. Der Werbeanzeigenmanager gibt dir die Möglichkeit, einen Namen hinzuzufügen, oder auch einfach eine Standardvariante zu verwenden. Gleichfalls solltest du einen passenden Namen für deine Werbeanzeigengruppe auswählen. Das ist deshalb wichtig, um die Anzeigengruppe später mit anderen splittesten zu können, um also sofort sehen zu können, welche Anzeigengruppe besser performt.

Deine Zielgruppe auswählen

Hat dich der Manager schon bis zu der Kategorie „Zielgruppe" geführt, kannst du nun die Eigenschaften deiner Zielgruppe festlegen. Merkmale wie Alter, Geschlecht und andere

Eigenschaften kannst du ganz einfach bestimmen, damit auch die richtigen User deine Werbung zu sehen bekommen.

WICHTIG: Wähle aus, dass nur Personen, die an diesem Ort leben, deine Anzeige sehen können, und nicht solche, die sich nur im Urlaub dort befinden. Beispielsweise wird ein Tourist aus Australien wohl kaum deine lokale Dienstleistung in Anspruch nehmen, die für ansässige Personen in deiner Umgebung bestimmt ist. Mache dir also Gedanken, welche Zielgruppe in welchen Ländern du ansprechen willst. Kenne deine Kunden. Welches Geschlecht haben sie, welche Interessen? Wie alt sind sie? Was machen sie in ihrer Freizeit? Mögliche Interessen kannst du in der Zielgruppenbestimmung einfach eintippen. Verkaufst du beispielsweise Socken für Babys, kannst du ganz gezielt Mütter auswählen, die sich für Babys interessieren und Seiten geliked haben, die sich mit Babys beschäftigen.

Je spezifischer deine Zielgruppe, desto besser natürlich. Allerdings solltest du auch nicht zu viele verschiedene Interessen angeben, um auch noch genügend Menschen erreichen zu können. Facebook zeigt dir hierzu auf der rechten Seite eine Art Tacho an, mit dem du genau sehen kannst, wie viele Menschen du erreichen kannst.

Außerdem kannst du auch Zielgruppen ansprechen oder gar „hochladen“, die du bereits gesammelt hast. Das funktioniert zum Beispiel über einen sogenannten Facebook Pixel. Diesen platzierst du auf deiner Webseite. Sobald nun ein Nutzer auf deine Webseite kommt, kannst du ihn nachher mit Retargeting auf Facebook direkt ansprechen. Diese, etwas fortgeschrittenere Methoden, bringen dir enorm gute Klickraten und können dir zu einem wahren Umsatz-Boost verhelfen, verwende sie also unbedingt. Wie du den Facebook Pixel genau auf deiner Webseite platzieren kannst, kannst du direkt im Werbeanzeigenmanager bzw. in dessen Supportbereich nachlesen. Facebook führt dich auch hier angenehm durch den kompletten Prozess und bietet jede Menge Anleitungen und genaue Erklärungen dazu. Wenn du nach den Fachbegriffen in diesem Kapitel des Buches mal googelst, wirst du sehen, was ich meine.

Du kannst auch eine E-Mail Liste mit Interessenten hochladen, die du bereits besitzt. So wird den Facebook-Accounts, auf denen diese E-Mails hinterlegt sind, deine Werbung angezeigt. Genial, oder? Solche speziellen Zielgruppen werden auch *Lookalike Audiences* genannt. Also spezielle Personengruppen, die bestimmte Merkmale erfüllen: Sie waren bereits auf deiner Webseite, haben bestimmte E-Mail Adressen, spezielle

Interessen usw. Wenn du deine Werbeanzeigen gezielt an diese Menschen richtest, kannst du enorme Erfolge erzielen. Warum? Weil es sich bei diesen Menschen um bereits „warmen" Traffic handelt. Sie kennen dich also schon und haben eventuell bereits Vertrauen zu dir aufgebaut. Ein Kauf wird damit viel wahrscheinlicher als bei kaltem Traffic, also Menschen, die dich und deine Anzeige/Webseite das erste Mal sehen.

Die Platzierung auswählen

Damit deine Zielgruppe deine Anzeige auch wirklich visuell zu Gesicht bekommt, kannst du genau auswählen, wo deine Werbeanzeige erscheinen soll. So kann sie beispielsweise automatisch dort platziert werden, wo sie wahrscheinlich am besten funktionieren wird. Jedoch überlässt dir Facebook auch die Eigenregie, falls gewünscht. Egal ob Facebook, Instagram oder

Audience Network (z.B. mit Facebook verknüpfte Apps, die Werbung schalten), per Mausklick kannst du entscheiden, wo deine Werbeanzeige zu sehen sein soll.

Hier empfehle ich dir, verschiedene Sachen zu testen und deine Anzeige erstmal nur im News-Feed auf Facebook und Instagram zu platzieren, und nicht im Audience Network oder an Stellen, die nicht im Fokus des Nutzers liegen, wie der Bereich rechts neben der Facebook Timeline oder der Messenger zum Beispiel. Außerdem solltest du auch testen, deine Anzeige nur auf Mobilgeräten anzeigen zu lassen, und nachher schauen, was besser funktioniert. Mobil und Desktop, oder doch lieber nur Mobilgeräte?

Budget & Zeitplan

Ganz ohne Geld und Zeit funktioniert das Ganze natürlich nicht, da bräuchte ja keiner mehr die organische Reichweite. Unter dem Reiter „Budget & Zeitplan" lassen sich die gleichnamigen Einstellungen tätigen. Bei diesem nicht ganz unsensiblen Thema hält Facebook außerdem noch einen Link bereit, über den du mehr über „Budget, Auslieferung und Abbuchung" erfährst.

Um nicht Geld zu verbrennen, solltest du immer mit kleinem Budget starten, wenn du eine neue Kampagne beginnst. Empfehlenswert sind hier für den Anfang zum Beispiel 5€ pro Tag als grober Richtwert. Erstelle mehrere Anzeigengruppen, also selbes Ziel, aber andere Anzeigen-Bilder, Videos, etc. und bewirb alle für ein paar Tage für jeweils 5€ pro Tag. Nachher siehst du, welche am besten performt, kannst das Budget von dieser Anzeigengruppe hochschrauben und die anderen

Anzeigengruppen komplett abdrehen.

Laufen deine Anzeigengruppen erstmal alle, kannst du ganz einfach erkennen, welche am besten funktioniert. Facebook liefert dir automatisch Daten wie Klickpreis, Relevanzfaktor, Klickrate und Ähnliches. Dabei sind alle Daten eigentlich selbsterklärend, je niedriger der Klickpreis beispielsweise, desto besser natürlich. Der Relevanzfaktor reicht von 1-10. Je höher, desto relevanter ist deine Anzeige für den Nutzer. Was heißt das? Wenn der Nutzer durch seinen Newsfeed scrollt und bei deiner Anzeige stehen bleibt, steigt dein Relevanzfaktor, je nachdem, wie lange er sich die Anzeige ansieht und vielleicht sogar darauf klickt, bevor er weiterscrollt.

Das Wichtigste: Dein Anzeigenformat

So, nun geht's ans Eingemachte. Facebook bietet dir verschiedenste Formate, aus denen du hier auswählen kannst. Wählst du zum Beispiel das sogenannte „Karussell", kannst du mindestens 2 scrollbare Fotos oder Videos in dieses Format einfügen. Weiterhin kannst du auch eine Anzeige, bestehend aus einem einzelnen Bild erstellen. Bis zu sechs solche Anzeigen können so produziert werden. Gleiches geht selbstverständlich mit einem einzelnen Video. Wenn du Videos verwendest, achte unbedingt immer drauf, auch Untertitel einzubauen, damit die Nutzer den Inhalt auch ohne Ton verfolgen können. Slideshows sind nicht nur bei Präsentationen beliebt, sie eignen sich auch gut für eine Werbung in den sozialen Netzwerken. Bis zu 10 Bilder können so in einer Videoschleife eingebaut werden.

Für eine aufwendigere Anzeige nutzt du am besten die Canvas-Funktion. Damit kannst du Bilder und Videos kombinieren und somit aufregende kleine Stories erzählen, die die User packen. Für den Anfang reicht es allerdings vollkommen, wenn du eine Anzeige, bestehend aus einem einzelnen Bild, auswählst.

Die kleinen, aber feinen Details

So, das Gröbste hast du jetzt schon geschafft. Es fehlen nur noch Feinheiten, bis deine Anzeige online gehen kann. Du solltest allerdings beachten, dass diese kleinen Details eine enorme Wichtigkeit besitzen. Das Verbinden deiner Werbeanzeige mit deiner Unternehmenshomepage, falls du schon eine hast, ist eines dieser Details.

Gemäß dem Ziel der Erwägung, sollen sich interessierte User ja tiefgreifender informieren. Wo geht das besser, als auf deiner Homepage? Also nicht vergessen, den Link zur richtigen Seite einzubauen, auf die du deine potentiellen Kunden letztendlich führen möchtest. Außerdem kannst du in einer dargestellten Übersicht viele weitere Details anpassen, wie den Titel oder die Beschreibung der Anzeige. Wähle hier unbedingt einen interessanten und spannenden Titel, der den Nutzen deiner Seite bzw. deines Produkts klar kommuniziert und den Nutzer zum Handeln auffordert („jetzt klicken“). Keiner klickt auf Werbung, wo nicht klar ist, wo man hingeführt wird und was man dort bekommen kann, behalte das im Hinterkopf. Eine spannende Anzeige mit klarer Nutzenkommunikation ist sehr wichtig, damit sie auch geklickt wird.

Die Bestellung

Wenn du soweit alles zu deiner Zufriedenheit eingestellt hast, steht einer Veröffentlichung deiner Anzeige eigentlich nichts mehr im Wege. Solltest du zum ersten Mal eine solche Anzeige erstellen, dann wirst du von Facebook gebeten, deine Zahlungsinformationen einzugeben. Denn wie gesagt, mit dem Werbeanzeigenmanager Werbung zu schalten, kostet natürlich Geld. Wer nicht bereit ist, Geld zu investieren und verschiedene Anzeigen zu testen, ist hier ganz klar an der falschen Stelle.

Nachdem du deine Bestellung aufgegeben hast, wird deine Anzeige in der Regel innerhalb kurzer Zeit geprüft und freigeschaltet. Du hast es geschafft!

Eines möchte ich dir hier allerdings noch unbedingt mit auf den Weg geben: Wenn deine Werbeanzeige fertig und aktiv ist, beginnt die Arbeit eigentlich erst. Teste verschiedene Anzeigegruppen und analysiere genauestens, welche davon am besten funktioniert. Kenne deine Zahlen. Werde ein *Meister der Optimierung*, nur so kannst du das volle Potential aus dem Werbeanzeigenmanager holen.

Fazit zu Facebook

Ganz schön viele Informationen auf einmal, nicht wahr? Hoffentlich haben dir die Tipps und Tricks gezeigt, wie du auf der derzeit bekanntesten und meistgenutzten Social-Media Plattform der Welt an Reichweite gewinnen kannst. Wenn du erstmal weißt, wie du deine Seite aufbaust, fütterst und pflegst, wirst du keine Probleme haben, mit Freunden und Fans deiner Seite in irgendeiner Form Kontakt aufzubauen. Denn wie du mitbekommen haben solltest, ist Kommunikation und Interaktion mindestens genauso wichtig, wie das Publizieren von Inhalten. Soziale Medien leben von der Community, die in ihnen wächst und gedeiht. Allerdings will sie auch gepflegt werden. Scheue dich nicht, Diskussionen anzuregen und Meinungen einzuholen. Liken, Teilen und Kommentieren sollte zu deinem „täglich Brot“ werden, wenn du langfristen Erfolg auf Facebook verbuchen möchtest.

Das Verwenden des Facebook Werbeanzeigenmanagers ist nur eine kostenpflichtige Unterstützung für das Promoten deiner Inhalte. Werbeanzeigen sind auf keinen Fall die Basis für das Generieren von Reichweite. Sie können dir allerdings vor allem anfangs helfen, noch bekannter zu werden und deine bereits bestehenden Posts für noch mehr Leute zugänglich zu machen. Grundvoraussetzung hierfür ist allerdings eine schlaue Konzeption deiner Seite und deiner Inhalte, damit auch genügend Menschen auf dich aufmerksam werden.

Das größte Vertrauen schaffst du nicht durch Werbung, sondern durch ein starkes Fundament in Form einer professionellen Seite auf Facebook, einer großen Community, die dir folgt und regelmäßigen Inhalten mit echtem Mehrwert, von denen deine Follower echten Nutzen ziehen können und ihr Leben damit ein kleines Stück besser machen. Nur so kannst du die wertvolle organische Reichweite generieren, von denen große Facebook-Stars profitieren.

Einführende Worte zu YouTube

2005 gegründet, machte YouTube in den folgenden zwölf Jahren eine stetige positive Entwicklung durch. Die Videoplattform, die mittlerweile mehr als 64 Millionen Besucher im Monat verzeichnet, mausert sich. Und zwar in fast allen Bereichen, denn die 100 Stunden Videomaterial, die pro Stunde hochgeladen werden, bringen eine ganze Menge Besucher mit sich. Nicht umsonst steht die Plattform mittlerweile in einer Reihe mit führenden Streamingdiensten, wie beispielsweise Netflix und Amazon. Vor allem die qualitative Weiterentwicklung sorgt dafür, dass YouTube als das Fernsehen der Zukunft gilt und somit den TV Geräten im Wohnzimmer den Kampf ansagt. Es dominieren nicht mehr die mit einfachsten Mitteln produzierten Videos von Omas Hauskatze, die sich auf dem Kamin räkelt oder aus Angst vor Wasser durch die ganze Wohnung rennt. Aufwendige Produktionen und Formate dominieren heute die Liste der beliebtesten Clips auf YouTube, nicht selten in Kino-Qualität.

Die Digitalisierung hat ihre Spuren hinterlassen und das Informationsverhalten der Menschen verändert. Besonders die junge Generation, die so genannten „Digital Natives“ konsumieren mehr Inhalte der Videopattform, als Inhalte, die von herkömmlichen TV-Sendern ausgestrahlt werden.

„YouTuber“ werden zu Stars, verdienen Millionen an Euros und erlangen das Vertrauen ihrer überwiegend jungen Zuschauer. Genau das macht sie für einen ganz anderen Bereich interessant. In der heutigen Zeit kommen Konzerne nicht mehr drum herum, auch auf YouTube aktiv zu werden und dort Marketing zu betreiben. YouTube ist zwar eigentlich eine Videoplattform, hat sich aber ebenso zu einem sozialen Netzwerk entwickelt. Die dort herrschende Community bietet allen Unternehmen die Reichweite, die sie für die Vermarktung ihrer Produkte brauchen.

Es reicht nicht mehr aus, einfach nur Werbespots in den Pausen von TV-Shows zu platzieren. Junge Konsumenten glauben laut einer Befragung nicht, dass ein solcher produzierter Werbespot ihr Vertrauen in eine Marke oder ein Produkt stärken könnte. Sie vertrauen hingegen lieber den YouTubern, da sie authentischer, ehrlicher und glaubwürdiger wirken und sie meist fast schon eine persönliche Bindung zu ihnen aufgebaut haben. Deshalb haben sich verschiedene Formen des Marketings entwickelt, die auf dieser Plattform praktiziert werden. „Produktplatzierung" lautet hier das Stichwort.

Vielleicht wusstest du das noch nicht, aber YouTube ist neben Google die zweitgrößte Suchmaschine der Welt. Der Vorteil ist, dass sich die Suche dort um einiges einfacher gestaltet, als bei Google. Das bietet eine sehr gute Basis für Unternehmen, Selbstständige und Freiberufler. Hier haben sie die Möglichkeit, ihre Produkte und Dienstleistungen in bewegtem Bild und Ton zu präsentieren. Nicht wenige gewinnen durch eine solche Promotion neue Kunden.

Auf den folgenden Seiten wirst du erfahren, wie du erfolgreich YouTube-Marketing betreiben kannst und einen für Unternehmen interessanten Kanal aufbaust.

Du hast dir selbst schon ein Business aufgebaut und willst dir die Reichweite auf YouTube zunutze machen? Kein Problem, denn du erfährst auch, wie du selber Werbung machen kannst, bzw.

Anzeigen richtig schaltest.

Also, wenn du bereit bist, das ganz große „YouTube-Money“ einzustreichen, solltest du unbedingt weiterlesen, es lohnt sich!

Neu auf YouTube

Was muss ich tun?

Schritt 1: Damit fängst du am besten an

Tja, jetzt stellt sich dir allerdings zunächst die Frage, wie man am besten anfängt. Viele denken, es würde reichen, sich einfach eine Kamera zu kaufen und dann drauf los zu filmen. Von diesem Gedanken musst du dich trennen, denn so funktioniert YouTube-Marketing auf keinen Fall. Es steckt viel mehr dahinter, als einfach nur ein paar kurze Clips hochzuladen, wenn du Erfolg haben möchtest. Für den Erfolg alleine ist zwar eine hohe technische, aber auch inhaltliche Qualität deiner Videos unverzichtbar, doch was nützt das beste Video, wenn die Aufmachung des Kanals nicht stimmt?

Schließlich willst du ja auch einen der Kanäle betreiben, die vor Abonnenten nur so strotzen, oder? Es soll dir in erster Linie darum gehen, so viele Abonnenten wie möglich zu gewinnen, falls du ernsthaft versuchst, YouTube-Marketing zu betreiben. Jeder Besucher, der sich dazu entschließt, deinen Kanal zu abonnieren, bekommt jedes deiner neuen hochgeladenen Videos in seinem Feed angezeigt. Abonnenten sind in diesem Fall mit den Freunden auf Facebook vergleichbar. Auch die Wirkungsweise der Abonnenten lässt sich mit den Facebook-Freunden bzw. Followern gleichsetzen. Schlicht und ergreifend erhöht sich mit jedem deiner neuen Abonnenten deine Reichweite.

Abonnenten liken, teilen und kommentieren deine Videos. Du merkst schon, wenn du YouTube mit anderen Social Media Plattformen vergleichst, dass das Prinzip immer dasselbe ist. Liken, teilen, kommentieren. Das ist ausschlaggebend dafür, ob dein Kanal erfolgreich wird, oder nicht, und dein Marketing dir zu deinen gesteckten Zielen verhilft.

Deshalb werde ich dir zunächst einmal erklären, was alles passieren sollte, bevor du deinen ersten Clip hochlädst.

Der erste Eindruck zählt

Der erste Tipp ist eigentlich der einfachste. Vergiss am besten sofort, dass YouTube nur eine Videoplattform ist. YouTube ist viel mehr, es hat sich zu einem sozialen Netzwerk entwickelt. Und was tust du als erstes, wenn du dir einen neuen Social Media Account zulegst? Richtig, du sorgst dafür, dass Besucher deiner Seite, in diesem Fall deines YouTube-Kanals, einen ersten Eindruck von dir und deinem Channel bekommen. Zuerst solltest du dir natürlich einen Kanalnamen ausdenken. Aber überlege dir gut, wie du ihn nennst, denn der Name ist das, was Besucher deines Channels als erstes auffällt. Er sollte nicht zu langweilig sein, aber auch nicht zu abgehoben klingen. Ein guter Nickname kann in manchen Fällen besser sein, als seinen eigenen Namen zu verwenden. Das ist allerdings auch immer davon abhängig, was du später auf deinem Kanal präsentieren möchtest.

Zweitens solltest du unbedingt ein passendes Profilbild, bzw. einen Avatar auswählen. Das kann ein Bild, oder eben auch ein Logo deiner Firma oder Webseite sein. Dieses Profilbild ist sozusagen das Passfoto deines Kanals. Es weist ihn aus. Lässt du das weg, hast du nur einen „gesichtslosen" Kanal, den sich wahrscheinlich niemand anschauen wird. Solltest du bereits ein Google+ Konto besitzen, wird dein dortiges Profilbild übernommen, falls der Account mit dem von YouTube verknüpft ist. Diese Verknüpfung kann aber auch wieder getrennt werden, sodass du dir für deine Kanalseite ein separates Profilbild zulegen kannst.

Nachfolgend fehlt zum kompletten Branding deines neuen Kanals noch das letzte Detail, das für den ersten Eindruck des Besuchers mitverantwortlich ist. Und zwar siehst du bei anderen Kanälen im Hintergrund noch ein Banner, ein weiteres Foto, oder einen Infobalken. Dieser sogenannte Header befindet sich ganz oben auf der Seite deines Kanals und wird auf allen Endgeräten angezeigt. Wenn du sichergehen willst, dass diese Grafik auch auf dem Fernseher, Tablet oder Smartphone komplett sichtbar bleibt, empfiehlt es sich, eine Auflösung von 1546x423 Pixel zu wählen. Gegebenenfalls musst du deinen Header noch an dieses Format anpassen. Google selbst bietet auch wunderbare Vorlagen und Templates für dein Kanalbanner. Suche einfach mal nach „YouTube Banner“ und du wirst garantiert fündig werden. Gerne kannst du dir auch Inspiration von anderen großen YouTube-Kanälen und deren Bannern holen. Am besten ist es natürlich, wenn du einen Designer zum Erstellen des Titelbilds für deinen Kanal beauftragst. Auf Fiverr beispielsweise kannst du dir schon ab 5€ sehr ansprechende Banner für deinen YouTube Kanal erstellen lassen.

Die Kanalbeschreibung – worum geht's eigentlich?

Die Kanalbeschreibung ist auf YouTube im Prinzip deine Profilbeschreibung. Um einen Besucher zum Abonnieren zu bewegen, genügt es nicht, einen halbherzigen Dreizeiler dorthin zu pflanzen. Damit das Thema deines Kanals deutlich wird, sollte deine Kanalbeschreibung so aussagekräftig wie möglich sein. Wortwitz und gute Formulierungen helfen dir, diese Beschreibung ansprechend zu gestalten.

Gleichzeitig bietet die Beschreibung dir die Möglichkeit, deine anderen Social Media Accounts auf YouTube zu verlinken. Dabei solltest du beachten, dass nur vier Social Media Icons in deinem Header auftauchen können. Natürlich kannst du wesentlich mehr verlinken, sie werden dann nur nicht oben angezeigt. Des Weiteren bietet es sich an, noch mehr ausführende Links in die Beschreibung zu integrieren. Das können Links zu aktuellen Aktionen von dir sein (z.B. Gewinnspiele, etc.) oder eben auch ein Link zu deiner Webseite. Damit wird dann dein Branding noch weiter ausgebaut.

Abschließend lässt sich YouTube auch mit Facebook und Twitter verbinden. Deine Videos werden dann dort direkt hochgeladen und die Follower auf den Plattformen bekommen so die Inhalte deiner Videos zu sehen. So lässt sich ebenfalls Reichweite generieren.

Der Kanaltrailer – mehr als nur ein Teaser

Jetzt näherst du dich in großen Schritten deinem Kerngeschäft. Die Kanaloptimierung ist so gut wie abgeschlossen, doch eine wichtige Sache fehlt noch. Du hast dir einen Account bei einer weltweit bekannten Videoplattform eingerichtet, was ist da also schon ein Kanal, ohne einen entsprechend coolen Trailer? Genau, so gut wie nichts. Da du ja schließlich Besucher deines Kanals zu Abonnenten machen willst, brauchen diese User mundgerechtes Futter. Schneide die besten Szenen aus deinen Videos zu einem maximal zweiminütigen Trailer zusammen, sodass der potenzielle Abonnent einen Eindruck davon bekommt, was ihn auf deinem Channel erwartet.

Dieser Trailer ist dann für Nicht-Abonnenten das erste Video was ihnen angezeigt wird, sobald sie deine Kanalseite besuchen. Natürlich kannst du auch dort schon ein längeres Video veröffentlichen, beispielsweise, das erfolgreichste, was du bisher hochgeladen hast. Das ist allerdings aus mehreren Gründen nicht optimal. Erstens hast du wahrscheinlich noch kein Video hochgeladen, das du verwenden könntest, wenn du deinen Kanal erst einrichtest und zweitens wollen potenzielle Abonnenten sofort wissen, was sie von dir erwarten können. Meistens haben sie keine Lust, sich ein 15 bis 20-minütiges Video anzusehen, ohne zu wissen, worum es dir eigentlich geht. Deshalb mache dir vorher die Mühe und gestalte einen kurzen, aber aussagekräftigen Trailer, der alle Informationen beinhaltet, die der Zuschauer über dich und deinen Kanal braucht. Warum sollte er dich abonnieren?

Videos veröffentlichen – nur wann?

Auf YouTube gibt es zwei Prinzipien, an die du dich bei dem uploaden von Videos halten solltest. Zum einen ist es die Quantität, zum anderen die Regelmäßigkeit. Es gilt, je mehr Videos du hochladen kannst, desto besser. Allerdings bringt es dir nichts, wenn du in einer Woche 10 Clips hochlädst und in den folgenden sieben Tagen nur drei. YouTube basiert auf Kontinuität, das bedeutet, die Plattform will, dass du regelmäßig dieselbe Anzahl an Videos hochlädst. Optimal ist es, wenn das auch immer zu dem gleichen Zeitpunkt, am gleichen Tag passiert. YouTube verlangt das von dir, damit das eigene Ziel der Plattform erreicht wird, nämlich so viele User so lange wie möglich auf der Plattform zu halten. Also, bleib dran und hör nicht auf!

Aus diesem Grund solltest du dir schon im Voraus eine Art „Sendeplan“ überlegen, damit du nicht mehr lange nachdenken musst, was du wann veröffentlichen sollst. Allerdings ist es gar nicht so einfach, den richtigen Zeitpunkt zum Veröffentlich zu finden. Du solltest nach Möglichkeit einen Zeitpunkt wählen, zu dem die meisten Zuschauer deiner Zielgruppe auch wirklich zuschauen können. Welcher das ist, musst du selber herausfinden. Überlege dir genau, wann deine Zuschauer am meisten Zeit haben, um deine Videos anzusehen. In der Regel ist das abends und am Wochenende.

Schritt 2: Die Videos – Einfach filmen und dann hochladen?

So, du hast es geschafft. Du hast die ersten wichtigen Hürden zum Erstellen eines erfolgreichen Channels gemeistert. Doch jetzt fehlt das, wofür du bekannt werden sollst. Deine Videos müssen produziert und hochgeladen werden. Aber mal ehrlich: Auch bei der Produktion und dem Hochladen von Videos geht es um mehr als nur um das Filmen und Schneiden an sich. Dein Clip kann noch so gut gefilmt und geschnitten sein, aber ohne das passende Drum Herum wird ihn niemand finden und ansehen. Genau deswegen solltest du weiterlesen, wenn du wissen willst, was es für Tricks und Kniffe gibt, damit deine Videos angesehen werden und dein Kanal erfolgreich wird.

Die zwei Säulen jedes Videos

Jedes Video basiert auf zwei Grundlagen. Die erste davon hast du im vergangenen Kapitel schon kennengelernt. Es ist die Quantität, mit der du deine Clips veröffentlichst. Die zweite Säule ist, wie nicht anders zu erwarten, die Qualität. YouTube ist mittlerweile mehr als nur Katzenvideos. Es steckt viel mehr Aufwand hinter all den Produktionen, die zum Teil schon an Kino-Qualität herankommen.

Aus diesem Grund sollte der Inhalt deiner Videos immer mindestens eine der folgenden Eigenschaften aufweisen. Der Inhalt deiner Veröffentlichungen sollte die Zuschauer belehren können. So erreichst du einen Mehrwert für deinen Zuschauer, sie nehmen etwas mit, wenn sie sich deine Videos anschauen. Außerdem kann dein Video sie unterhalten. Durch lustige, spannende oder emotionale Inhalte kannst du es schaffen, deine Zuschauer zu fesseln und sie so zu einem Abo bewegen. Gleichzeitig kann es aber auch inspirierend sein, sich deine Clips anzuschauen. Auch hier geht es wieder um den Mehrwert, den deine Zuschauer mitbekommen sollen. Ähnlich wie bei den belehrenden Videos sollten sie dieses Mal neue Ideen sammeln, die die Zuschauer in ihrem Alltag weiterhelfen oder sie dazu inspirieren, etwas anders zu machen. Wenn du alle drei von diesen Eigenschaften in einem, oder am besten in allen deiner Videos einbauen kannst, sind dir neue Abonnenten fast schon garantiert.

Mindestens eine dieser 3 Eigenschaften (*lehren, unteralten, inspirieren*) muss dein Video allerdings bieten, ansonsten brauchst du es gar nicht erst hochladen.

Welches Format kannst du für deine Videos wählen?

Nachdem du nun weißt, was gute Videos ausmacht, stellt sich die Frage, was für Videoformate du überhaupt produzieren kannst. Auch hier gibt es wieder drei Kategorien, bzw. drei Formate, aus denen du auswählen kannst.

Die erste Kategorie nennt sich *Help-Format*. Das sind kurze Clips, meistens so zwischen zwei und vier Minuten, die du relativ häufig hochladen kannst. Sie sind sozusagen dein tägliches Brot, denn sie sind einfach und schnell zu produzieren und dienen dazu, deine Zuschauer und auch potenzielle Abonnenten mit Inhalten zu füttern. Sie sollten natürlich nicht überfuttert, sondern nach den oben aufgeführten Prinzipien ernährt werden. Inhaltlich beschränkt sich dieses Format eher auf den belehrenden Aspekt, denn der kurze Zeitrahmen liefert dir die Möglichkeit, kleine

Alltagshilfen kurz und prägnant zu präsentieren. Bereichernde Tipps und Tricks, wie beispielweise das Binden einer Krawatte zu erklären, werden besonders gut von den Zuschauern aufgenommen. Halte Ausschau nach aktuellen Trends und erstelle dazu kurze Erklär-Videos.

Nachfolgend lassen sich noch Videos aus dem *Hub-Format* erstellen. Das sind längere Videos, die immer einem ähnlichen Muster folgen. Serien fallen beispielsweise in diese Kategorie. Eine solche Serie könnte zum Beispiel eine Reihe von Real-Life-Stories sein, die von dir erzählt werden. Sie sollten regelmäßig erscheinen. Einmal, zweimal wöchentlich, einmal im Monat... du weißt Bescheid, oder?

Die wohl erfolgreichsten Videos sind hingegen die im *Hero-Format*. Wie der Name schon verrät, geht es hier vor allem um den Protagonisten des

Videos. Authentizität, Ehrlichkeit und Glaubwürdigkeit stellen den Protagonisten als Persönlichkeit dar, der zum Helden des Videos wird.

Mischst du deinen „Sendeplan“ mit Videos aus allen Kategorien und allen Eigenschaften gut durch, gelingt es dir, deinen Zuschauern ein abwechslungsreiches Programm zu bieten. Das verschafft dir auf jeden Fall einige neue Abonnenten. Vergiss aber nicht, auch immer eine gewisse Struktur aufrecht zu erhalten, damit sich deine Follower nicht verwirrt fühlen.

Egal welches Format du wählst, natürlich sollte das Video am besten immer auch professionell geschnitten sein. Verwende Intros, Outros, überleitende Aufnahmen zwischen verschiedenen Szenen, etc. Bezüglich Videoproduktion solltest du dich stets weiterbilden und auch dein Equipment aktuell halten, schließlich ist es das Werkzeug für deine Videos.

Tipp: Solltest du den YouTuber Casey Neistat noch nicht kennen, schau dich mal auf seinem Kanal um und hole dir Inspiration aus seinen Videos. Er hat das Erstellen von Youtube Videos und Vlogs zu seiner Tagesbeschäftigung gemacht und erstellt beeindruckenden Content, von dem du garantiert einiges für deinen eigenen Kanal lernen kannst.

Schritt 3: So wird dein Video noch erfolgreicher

Du hast nun also dein Video produziert, alle Aufnahmen sind im Kasten und zusammengeschnitten. Jetzt kannst du doch das Video eigentlich schon hochladen, oder nicht? Nein, besser noch nicht wenn du Erfolg haben willst, denn auch nach dem Produzieren ist noch nicht alles für den Erfolg getan. Wie du weitermachst, liest du jetzt.

Der Titel

Ja genau. Jedes Video braucht einen Titel, damit es gefunden und auch angeschaut wird, logisch. Der Titel sollte schon einen Vorgeschmack auf das geben, was die Zuschauer erwartet. Der Vorteil ist, dass du keine wirkliche Begrenzung hast. Bei mehr als 70 Zeichen im Titel kannst du deiner Kreativität freien Lauf lassen und dich so richtig austoben. So kann sich dein Video von der breiten Masse abheben. Verlier aber auf keinen Fall das Thema aus den Augen, Clickbait ist nicht alles! Wenn du nicht halten kannst, was du im Titel versprichst, kann das ganz schnell in negative Bewertungen überlaufen.

Deine Überschrift wird außerdem zweizeilig dargestellt, sodass auch bei längeren Titeln fast alles gelesen werden kann. Damit das Video aber auch gefunden wird, sollte es auch einigermaßen SEO optimiert sein. Was heißt das? SEO steht für Search Engine Optimization, also Suchmaschinenoptimierung. Da deine Youtube-Rankings natürlich auch auf einem Algorithmus basieren, ist es umso wichtiger, dass du dich mit Youtube-SEO auch etwas auskennst.

Die richtige Beschreibung

Auch wenn du der Meinung bist, dass der Titel des Videos schon alle nötigen Informationen enthält, solltest du die Videobeschreibung auf keinen Fall außer Acht lassen. Die wichtigsten Informationen sollten unbedingt in den ersten drei Zeilen stehen, da nur diese sichtbar sind, während das Video läuft. Deshalb macht es Sinn, beispielweise Links an den Anfang zu stellen, da diese sonst übersehen und nicht angeklickt werden. Idealerweise sollten die ersten drei Zeilen deshalb einen Link und eine kurze, zweizeilige Beschreibung deines Videos beinhalten.

Es ist auch nicht unbedingt nötig, Links in die Videobeschreibung zu packen, denn sie können auch innerhalb des Clips auftauchen. Du musst dem Link dazu einfach nur die Position hinzufügen, an der dieser auftauchen soll (Stunden, Minuten, Sekunden). Nutze also auch diese Möglichkeit unbedingt.

Tags – nicht nur auf Twitter und Instagram eine gute Variante

Es scheint dir, als ob du alles getan hast, was möglich ist, damit dein Video von allen so gut es geht gefunden werden kann? Hast du dein Video denn auch schon getagt?

Mit solchen Tags kannst du im Prinzip das volle Potenzial deines Videos ausschöpfen. Sie funktionieren wie die Hashtags auf Twitter und Instagram. Es sind sozusagen Keywords, mit denen du dein Video versehen kannst. Sie sind also fast unverzichtbar, wenn es darum geht, das Video zu finden. Stell dir einfach die Frage, mit welchen Stichpunkten du nach deinem Video suchen würdest. Genau diese Begriffe nutzt du als Tags, denn wenn andere User nach diesen Tags suchen, finden sie dein Video. Versuche, dein Video mit möglichst vielen Tags zu versehen. Das erhöht die Wahrscheinlichkeit, dass Leute auf dein Video stoßen, es sich ansehen und dir daraufhin folgen.

Verstehst du, worauf ich hinaus will? Baue die Struktur um dein Video so auf, das Begriffe, für die du gefunden werden willst, möglichst sinnvoll und oft darin vorkommen.

Untertitel – sind die wirklich nötig?

Sie sind nicht unbedingt notwendig, aber vorteilhaft. Manch einer mag Untertitel als störend empfinden. Sie nehmen einen gewissen Platz auf dem Screen ein und können das Videoerlebnis etwas trüben. Aber wenn du deine Videos noch mit Untertiteln versiehst, erschließt du dir zwei neue Gruppen an Zuschauern. Schwerhörige und Taube können nun auch deine Videos verfolgen, ohne dabei auf einen wesentlichen Teil des Inhalts verzichten zu müssen. Da es nicht viele Kanäle gibt, bei denen die Videos konstant untertitelt sind, kannst du dir einiger weiterer Abos sicher sein.

Natürlich solltest du verhindern, dass du mit den Untertiteln die anderen Zuschauer abschreckst. Finde deshalb am besten einen Mittelweg, sodass die Untertitel das Schauen des Videos nicht zu sehr beeinträchtigen, falls du sie überhaupt einbauen möchtest.

Neben der Erschließung einer neuen Zuschauergruppe haben Untertitel aber auch ganz pragmatische Vorzüge. Sind einige gesprochene Parts unverständlich, solltest du sie in den Untertitel verschriftlichen, damit die Zuschauer dem Videogeschehen ungehindert folgen können. Dazu zählen zum Beispiel auch kurze Einblendungen, wenn du im Video mal ausversehen was falsches sagst oder dergleichen. Sicherlich hast du das auch schon bei anderen YouTube Videos beobachten können.

Des Weiteren kann es sich für dich anbieten, deine Videos mehrsprachig zu gestalten, damit sie auch User verstehen, die nicht deine Landessprache sprechen. Dadurch internationalisierst du deinen Kanal und deine Videos. Englisch ist natürlich für so ein Vorhaben die beste Wahl, denn Englisch spricht so gut wie jeder auf der Welt. Trotzdem muss man je nach Zielgruppe andere Sprachen verwenden. In solchen Fällen sind Französisch, Spanisch, Portugiesisch, Italienisch, Russisch, Türkisch, Chinesisch und Arabisch die meist verwendeten Sprachen. Jedoch solltest du dein Video professionell übersetzen lassen, wenn du dieser Sprachen nicht in Wort und Schrift sicher mächtig bist. Untertitel lassen sich zwar auch automatisch von YouTube einfügen, jedoch ist die Spracherkennung fehlerhaft. Dazu müsste die Aussprache schon absolut perfekt und ohne Hindernisse sein.

Das Thumbnail

Jetzt hast du fast alles Wichtige erledigt, damit dein Video online gehen kann. Du brauchst du nur noch ein Thumbnail, das die Zuschauer zusammen mit dem Titel sehen, bevor sie das Video starten. Thumbnails sind also kleine Standbilder, die eine Szene aus dem Video zeigen. Sie sind deshalb so wichtig, weil sie das erste sind, was ein potentieller Zuschauer sieht, bevor er aufs Video klickt. Damit entscheidet unter anderem das Thumbnail darüber, ob sich ein YouTube Nutzer dein Video ansieht, oder eben nicht.

In der Regel hast du die Auswahl zwischen drei von YouTube erstellten Vorschlägen zum Erstellen von Thumbnails. Da diese aber meistens nicht wirklich gut sind, empfiehlt es sich, ein eigenes Thumbnail hochzuladen. Dazu benötigst du nur ein einwandfreies, d.h. straffreies YouTube-Konto. Die für Thumbnails erforderlichen Funktionen können durch das Verifizieren deines Kontos freigeschaltet werden. Wenn du ein eigenes Thumbnail hochlädst, solltest du beachten, dass die Dateigröße maximal 2 MB betragen darf. Außerdem sollte das Bild ein Format von 16:9 und eine Auflösung von 1920x1080 (FullHD) haben.

Entsprechend deines Videos muss das Thumbnail selbstverständlich in Verbindung mit diesem stehen. Helle Farben wirken sich dabei eher positiv auf das Zuschauerverhalten aus, als dunkle. Wenn du Thumbnails für Serien erstellst, ist es gut, wenn du Erkennungsmerkmale einbaust, die symptomatisch für diese Serie sind. Zudem sollest du immer nur den nötigsten Text in ein solches Thumbnail setzen. Hast du alle Ratschläge beachtet, heben sich deine Videos bei den Suchergebnissen von den anderen ab und du hast gleichzeitig den Wiedererkennungswert deiner Veröffentlichungen extrem gesteigert. Behalte dir stets die Frage im Hinterkopf: Warum sollte man auf dein Thumbnail klicken?

Professionelle Thumbnails kannst du übrigens auch mit gratis Tools erstellen. Ein sehr empfehlenswertes Tool dafür wäre beispielsweise Canva. Auf canva.com kannst du kostenlos Grafiken und Thumbnails in allen Größen, Formen und Farben erstellen, tob dich dort einfach mal aus!

Anmerkungen in den Videos?

Anmerkungen sind eine gute Möglichkeit, noch nachträglich ergänzende Kommentare in die Videos einzufügen. Gleichzeitig kann diese Funktion auch wieder zu Marketingzwecken genutzt werden. Es ist möglich, sie in jedem Video einzubauen, gleichzeitig hast du mehre Möglichkeiten der Anmerkung.

Diese kannst du im „Video-Manager“, unter dem Reiter „Bearbeiten“ und „Anmerkungen auswählen“, einbauen. Der Vorteil ist, dass sie frei auf dem Screen verschoben werden können, was besonders dann wichtig wird, wenn während deines Videos Werbeanzeigen geschaltet werden. Zum einen sieht es nicht schön aus, wenn eine Anmerkung direkt über der Anzeige liegt, zum anderen ist dann das Anklicken dieser Anzeige nicht mehr möglich. Zudem darfst du deine Zuschauer nicht mit Anmerkungen überschwemmen, denn sonst springen sie ab und schauen dein Video nicht zu Ende. Und das wäre natürlich sehr schlecht. Desto länger sich die Menschen dein Video ansehen, am besten bis zum Ende natürlich, desto höher wirst du gerankt und desto besser ist damit natürlich deine Reichweite.

Die Playlist – gut zum Aufräumen und Sortieren

Du bist nun an einem Punkt angelangt, an dem du schon mehrere Videos hochgeladen hast und auch verschiedene Themenbereiche abgedeckt hast. Damit sich potenzielle Abonnenten besser auf deiner Kanalseite zurechtfinden, solltest du auch dort etwas Ordnung reinbringen. Idealerweise machst du das mit Playlists. So kannst du thematisch zusammenhängende Videos sortieren.

Let’s Play-Episoden eines Games lassen sich so beispielsweise gut zusammenfassen. Auch hier solltest du wieder auf einen passenden Titel und eine treffende Beschreibung achten. Gleichzeitig kannst du Playlists auch auf deiner Website einbetten oder eine Kooperation mit anderen YouTube-Kanälen eingehen. Hast du beispielsweise ein Video zu einem Thema gepostet und auf einem anderen Kanal eine Playlist entdeckt, die sich ebenfalls mit dem Thema auseinandersetzt, besteht die Möglichkeit, dass du nach Absprach mit dem Kanalbetreiber dein Video dort aufgenommen werden kann. Das hilft dir bei dem Erschließen von neuen Zuschauern.

Auf ähnliche Weise kannst du ein zweiteiliges Video auf deinem Kanal und dem deines Partners veröffentlichen. Also beispielsweise den ersten Teil auf deinem Channel und den zweiten auf dem deines Partners. So kann er Follower von dir und du Follower von ihm gewinnen. Solche Kooperationen sind gang und gäbe auf YouTube und sollten unbedingt auch von dir genutzt werden.

Schritt 4: Mit Werbung Geld verdienen

Die Monetarisierung

Dir sind doch bestimmt auch schon mal die Werbeanzeigen aufgefallen, die immer vor bzw. in dem eigentlichen Video geschaltet werden, das du dir anschauen willst. Auch du kannst dich für diese Monetarisierung anmelden, denn nach 2012 wurde dieses Verfahren erheblich vereinfacht. Nach dem Hochladen deines ersten Videos kannst du dich in den Kanaleinstellungen für die Monetarisierung freischalten lassen.

Dafür muss dein YouTube-Konto mit deinem AdSense-Konto verknüpft werden. Die Daten sind hierbei die gleichen wie bei deinem Google-Konto. Allerdings kann diese Verknüpfung einige Tage dauern. In der Theorie kannst du sogar jeden Content auf deinem Kanal monetarisieren lassen. In der Praxis gestaltet sich das allerdings etwas komplizierter, da kein Material dafür verwendet werden darf, indem du Copyright geschütztes Material eingebaut hast. Beispielsweise kann das ein Musikstück sein, das du als Hintergrundsound in einem deiner Videos verwendest. Ebenso darf kein unkommentiertes und ungeschnittenes Gameplay monetarisiert werden.

Hast du allerdings geeignetes Material genutzt, kannst du zwischen zwei Varianten wählen, welcher Anzeigentyp geschaltet werden soll. Du hast jedoch keinen Einfluss darauf, welchen Werbeclip der Zuschauer dann zu sehen bekommt. *Overlay-In-Video-Anzeigen* erscheinen dann innerhalb eines Videos, werden in der Anzeige durch gelbe Striche in der Zeitleiste angezeigt und können vom Zuschauer nach fünf Sekunden weggeklickt werden. *TrueView-In-Stream-Anzeigen* laufen hingegen vor oder in dem Video. Diese können auch weggeklickt werden.

Productplacement – die „natürliche“ Werbung

Eine andere, ebenfalls weit verbreitete und nicht nur auf YouTube genutzte Variante, Werbung zu betreiben, ist das Productplacement. Diesen Begriff hast du schon an einigen Stellen im Text gelesen. Diese Art der Werbung funktioniert nur mit Reichweite, die du schon erfolgreich generieren konntest. Für eben diese Art der Werbung kommen je nach Zielgruppe und Inhalt deiner Videos bestimmte Firmen auf dich zu und bieten dir an, ihre Produkte in deinen Videos zu promoten. Befasst du dich in deinen Videos thematisch z.B. mit Fitness und Ernährung, kann es sein, dass dir ein Hersteller von Nahrungsergänzungsmitteln eine Kooperation anbietet. Du machst Werbung für ihn, indem du über seine Produkte berichtest, oder sie auch einfach nur ins Bild hältst.

Da du jetzt eine enorme Reichweite hast, ist es die perfekte Art für das Unternehmen, auf diese Weise Werbung zu machen, da dir deine Zuschauer vertrauen, wenn du dich positiv oder auch mal negativ über diese Produkte äußerst. Wie gesagt, Glaubwürdigkeit ist extrem wichtig. Es bleibt aber auch nicht aus, Productplacement anzugeben. Google muss darauf hingewiesen werden, dass Produktplatzierung in deinen Videos stattfindet. Du kannst dies als Option ganz einfach im Bereich „Monetarisierung“ anklicken.

Schritt 5: Werbeanzeigen schalten

Falls du YouTube schon nutzt, um dein Business zu unterstützen und du dir trotz den oben aufgeführten Tipps noch mehr Reichweite wünschst, kannst du über AdWords selbst eigene Anzeigen auf YouTube schalten, beispielsweise auch für eine deiner Webseiten. Dafür kannst du jedes deiner hochgeladenen Videos nutzen. Der Clip, den du als Werbung vor anderen Videos einsetzten möchtest, kann in drei verschiedenen Formen geschaltet werden.

Der In-Stream

Dein Clip wird vor andere Videos gesetzt und kann nach fünf Sekunden von den Zuschauern weggeklickt werden. Die ersten Sekunden deines Clips sind also entscheidend, ob dein Video bis zum Ende angeschaut wird. Teile also die wichtigsten Inhalte schon in diesen ersten Sekunden mit.

Schaffst du das, bietet die In-Stream-Methode einen weiteren Vorteil für dich. Du musst diese Anzeige nämlich erst bezahlen, wenn dein Clip länger als 30 Sekunden dauert, oder bis zum Ende angeschaut wird. Ideal ist es also, wenn du die Zuschauer in den ersten fünf Sekunden überzeugen kannst. So entstehen für dich keine Kosten und du hast deine Reichweite extrem vergrößert. Cool, oder?

Die In-Display-Methode

Solltest du dich für diese Variante entscheiden, kann diese Anzeige an drei verschiedenen Positionen ausgespielt werden. Sie wird entweder im Bildschirm oben rechts über dem related Video farblich abgesetzt angezeigt, als Overlay innerhalb eines Videos oder auf der Webseite eines Partners des Google Display Netzwerkes. Dein Nachteil ist allerdings, dass diese Anzeige unabhängig von Clip- und Wiedergabedauer bezahlt werden muss, sobald diese angeklickt wird.

Die In-Search-Anzeige

Wenn du diesen Anzeigentyp verwenden möchtest, wird deine Werbung auf der Ergebnisseite der YouTube-Suche angezeigt. Dort ist sie ebenfalls farblich abgesetzt. Wird dein Clip durch Anklicken der Anzeige gestartet, muss auch diese Variante bezahlt werden.

Videoanzeigen individualisieren

Alle Anzeigenformate sind optional auswählbar und du kannst sie entsprechend deinen Vorstellungen und Zielen anpassen. Nachdem du nun alles für deine Bedürfnisse passend ausgewählt hast, musst du auch für deine Anzeige wieder einen Titel, sowie eine zweizeilige Beschreibung auswählen. Hierbei besteht die Besonderheit, dass sich die Beschreibung von den Metadaten deines Clips unterscheiden sollte.

Eine coole und praktische Funktion ist außerdem das Einstellen von Regionen. Möchtest du mit deiner Anzeige beispielsweise nur eine Zielgruppe in einer bestimmten Region ansprechen, kannst du sie nur im deutschsprachigen Raum, einer einzelnen Region oder einem Ort anzeigen lassen. Natürlich sind noch weitere Einstellungen möglich, klicke dich dort am besten selber einmal durch und probiere etwas rum. Wenn du eine solche

Anzeigenkampagne startest, musst du auch noch dein Budget angeben, was Google pro Tag für deine Anzeigen ausgeben darf. Du hast ja gelesen, dass nicht alle Anzeigenformate kostenlos sind. Ist dein Budget aufgebraucht, wird deine Anzeige an diesem Tag nicht mehr angezeigt. Starte am besten erstmal mit kleinem Budget und teste verschiedene Anzeigen. Hast du die gefunden, die am besten funktioniert, kannst du das Budget dieser Anzeige hochschrauben und die anderen Anzeigen komplett abdrehen.

Fazit zu YouTube

Tja, du hast es geschafft und dich durch die Grundlagen des YouTube-Marketings gelesen. Wie du siehst, steckt hinter dieser Videoplattform sehr viel mehr, als einfach nur Videos hochladen und angucken. Der digitale Wandel in der Gesellschaft führt dazu, dass Plattformen wie diese immer mehr an Einfluss, vor allem bei den jüngeren Generationen, gewinnen.

Um diese Generationen zu erreichen, müssen Unternehmen aber einzelne User und andere Marketingstrategien anwenden und lernen, mit den „neuen" Medien umzugehen. Da sich jetzt alle auf eben diese Medien stürzen ist es wichtig, etwas Besonderes zu sein und sich von der Masse abzusetzen, wie es überall im Social Media Bereich gilt. Das geht nur mit einem gut aufgebauten und durchdachten Kanal. Name, Bild, Beschreibung und alles das was noch zu dem äußerlichen Erscheinungsbild dazu gehört, ist ausschlaggebend für deinen Erfolg und deine Abozahlen. Die Abonnements sind deine Reichweite, die dein Kapital für den weiteren Erfolg deines Kanals darstellt.

Was heißt das? Kenne deine Zahlen, beobachte dein Wachstum und versuche stets, es weiter zu optimieren. Tools die dir dabei helfen und die du unbedingt nutzen solltest sind beispielsweise Tube Buddy, Social Blade, Tubular Labs, Creator Studio App und Vid IQ. All diese Tools werden dir garantiert dabei helfen, deinen Kanal noch viel schneller wachsen zu lassen und nie den Überblick zu verlieren.

Denk aber immer daran, bei sauberen Methoden zu bleiben, um deine Reichweite zu erhöhen. Nur so kannst du langfristig erfolgreich Marketing betreiben. Wenn du jetzt, nachdem du diese Seiten gelesen hast, einiges mitnehmen und anwenden konntest, dann hat dieser Text seinen Zweck erfüllt. Es bleibt nur noch, dir viel Spaß und viel Erfolg mit deinem YouTube-Kanal zu wünschen.

Einführende Worte zu Instagram

Weltweit nutzen über 700 Millionen Menschen die Social-Media Plattform Instagram. Seit 2010 hat jeder Mensch der Welt die Möglichkeit, Fotos und Videos mithilfe von Instagram hochzuladen, zu teilen und zu liken. Jeder kann so Einblicke in das Leben seiner Familie, Freunde und Stars gewinnen. Denn eins ist klar: So gut wie alle Stars und Sternchen dieses Planeten stellen ihr Leben in Form von aberhunderten Fotos für alle Welt sichtbar dar. Glanz, Glamour und alles was dazu gehört, wird fotografiert und für alle sichtbar gemacht.

Denn die Stars wissen, ihre Follower sehen es sich auch an, und das jeden Tag. Sie wollen es sehen und möglichst nah an ihrem Lebensstil sein. So ziehen sie Millionen Menschen in ihren Bann. Follower sind zum Statussymbol jedes Stars geworden, der auf Instagram aktiv ist. Die Jagd nach Followern, Likes und Fame ist also schon längst im Gange.

Doch ist das auch für den „normalen“ Menschen möglich? Kann ein Instagram User wie du und ich ähnlich viele Follower generieren? Oder ist das ausschließlich den großen A-Promis vorbehalten?

Und ob das geht! Jeder User kann viele Follower für sich gewinnen und bekannt werden. Bekannt werden, das bedeutet auch, Einfluss zu haben. Je mehr Follower du hast, desto größer ist dein Einfluss. Die Masse an Menschen, die du erreichst, steigt mit jedem einzelnen neuen Follower. Das macht dich nicht nur als Privatperson interessanter, sondern auch als Influencer. Deine durch viele Follower generiere Reichweite kann für Unternehmen und deren Werbung interessant sein, sehr interessant sogar. So interessant, dass sie Summen im 5-6 stelligen Bereich ausgeben um Werbung von einem berühmten Influencer zu bekommen.

Doch wie wirst du so ein Influencer? Was benötigst du für einen Aufstieg in diese Sphären der Instagram-Nutzung? Sicher, es gibt einiges zu beachten, wenn du jeden Tag 100 oder gar mehr Follower für dich gewinnen willst. Beachtest du alles, kannst auch du berühmt werden!

Wenn du weiterliest bekommst du Schritt für Schritt erklärt, wie du dir einen erfolgreichen Account aufbaust und wie du ganz geschickt Instagram-Marketing betreibst. Denn „Marketing“ ist hier das Stichwort.

Also dann, wenn du auch jeden Tag 100+ neue Follower und mehr für dich gewinnen möchtest, dann sie dir die folgenden Schritte ganz genau an und verinnerliche sie.

Neu auf Instagram

Was muss ich tun?

Schritt 1: Der Account

Du bist neu auf der Plattform Instagram? Dann brauchst du als erstes einen funktionierenden Account. Hast du dir denn schon die Frage gestellt, was du überhaupt posten möchtest? Nein? Na dann wird es aber Zeit! Denn hinter jedem guten Account steckt ein Konzept. Entwickele deinen Account mit Hilfe der folgenden Schritte und lege so den Grundstein für viele Follower und Bekanntheit auf Instagram.

Der private Account

Es gibt verschiedene Möglichkeiten, wie du deinen Account aufbauen kannst. Wenn du die Absicht hast, private Fotos von deiner letzten durchfeierten Nacht mit Freunden zu posten, auf denen ihr Grimassen schneidet und diverse Kaltgetränke in die Höhe streckt, empfiehlt es sich, einen privaten Account zu erstellen. Dieser ist dann aber auch nur für deine Freunde sichtbar. Du kannst kontrollieren, wer die Fotos der letzten Poolparty zu Gesicht bekommt.

Sei dir aber bewusst, dass sich mit einem solchen privaten Account die Möglichkeiten auf Bekanntheit und Reichweite sehr in Grenzen halten. Da dein Profil bei einem privaten Account nicht für jeden ersichtlich ist, wird die Zahl der Menschen eingeschränkt, die du mit deinen Posts erreichen kannst.

Entsprechend wenig Menschen werden sich dafür interessieren, was sich hinter deinem privaten Account verbirgt. Im Endeffekt bedeutet das natürlich, dass User, denen du nicht persönlich bekannt bist, dir tendenziell seltener folgen. Du gewinnst also nur sehr schwer neue Follower, und genau das wollen wir vermeiden.

Der öffentliche Account

Anders als der private, funktioniert der sichtbare bzw. öffentliche Account. Hier kannst du etwas einfacher neue Follower, Reichweite und Bekanntheit erlangen. Der offensichtlichste Vorteil eines für jeden User zugänglichen Profils, ist die Reichweite deiner Bilder. Du kannst also deine Fotos in einem wesentlich größeren Rahmen präsentieren. So werden häufiger User auf deinen Account aufmerksam.

Allerdings solltest du dir über einige „Nebenwirkungen" im Klaren sein. Solltest du dich für ein öffentliches Profil entscheiden ist es ratsam, sich genau zu überlegen welche Fotos gepostet werden. Peinliche Schnappschüsse oder Fotos, die dir in deiner weiteren Instagram Karriere Schwierigkeiten bereiten könnten, sollten dann nicht hochgeladen werden. Sei also vorsichtig. Jeder Instagram-Nutzer auf der ganzen

Welt kann sehen, was du da auf den Fotos so getrieben hast. Wirklich jeder.

Es soll schon vorgekommen sein, dass sich Chefs auf Instagram über ihre Mitarbeiter informieren, was heutzutage nicht mehr ungewöhnlich ist. Bekommen diese möglicherweise Fotos zu sehen, die dich grade in einer unangemessenen Situation zeigen, kann das auch im realen Leben Konsequenzen für dich haben. Also, sei dir auf jeden Fall bewusst, dass du mit einem offenen Account einen Teil deines Selbstschutzes aufgibst.

Allerdings ist ein offener Account auf der anderen Seite auch der einzige Weg, eine wirklich große Zahl an Followern aufzubauen und zu einem wahren Instagram Influencer zu werden. Und genau das willst du doch, oder nicht?

Schritt 2: Dein Profil – mehr als nur ein wichtiger Baustein für Follower

Das Profilbild

Es ist endlich soweit! Du hast deinen Account eingerichtet und möchtest gleich das erste Selfie hochladen. Moment, nicht so schnell! Überlege erstmal kurz, was andere User als erstes von deinem Account sehen, wenn du in ihren Empfehlungen auftauchst. Zieh dir die Schuhe deiner potentiellen Follower an und sieh dir genau an, was von deinem Profil sie als erstes sehen werden, und wo das passiert.

Andere User, die möglicherweise interessant sein könnten, werden Instagram Nutzern nämlich sofort angezeigt. Also, das erste was man von dir sieht, ist dein Profilbild. Wenn du deinen Account einrichtest, denke also unbedingt daran, dir ein gutes Profilbild zuzulegen. Es gibt nichts

Uninteressantes für User, als ein Account mit ansprechenden Namen, der aber keiner Person und keinem Gesicht bzw. keiner Marke zugeordnet werden kann. Ohne ein Profilbild bist du eigentlich nur ein gesichtsloser Geist unter vielen auf Instagram. Allein deshalb sollte das Profilbild schon eine große Aussagekraft haben. So kannst du anderen Usern einen ersten Eindruck von dir selber geben, und der zählt ja bekanntlich mit am meisten.

Ein ästhetisches Profilbild kann die halbe Miete zum Generieren von neuen Followern sein. So wirst du als Person wahrgenommen. Das steigert von Anfang an die Ernsthaftigkeit deines Accounts. Zeige am besten nicht nur dein halbes Gesicht oder nur deinen Körper ohne Kopf, wie es viele Anfänger machen. Es könnte der Eindruck entstehen, dass du etwas verbergen möchtest. Wähle also bestenfalls ein Foto von dir, auf dem du komplett zu sehen bist, bzw. dein komplettes Gesicht.

Dieser erste Eindruck, den ein anderer User von dir bekommt, wird entscheiden, ob er dich sympathisch oder unsympathisch findet, und damit, ob er dir folgt oder nicht. Sympathie ist auf einer Plattform wie Instagram eines der wichtigsten Voraussetzungen für Bekanntheit und viele Follower.

Du kannst dir sicher sein, dass User auf deinen Account klicken, allein deshalb, weil du ein ansprechendes oder interessantes Profilbild hast. Ganz klar ist hier auch die Qualität des Bilds entscheidend. Das Licht sollte von vorne kommen, und vor allem sollte genügend davon vorhanden sein. Keiner mag schlecht belichtete Bilder von Personen, wo man kaum was erkennt.

Die Beschreibung

So, du hast nun andere User dazu gebracht, sich deinen Account anzuschauen. Das heißt aber noch lange nicht, dass sie dir automatisch folgen. Denn momentan haben potenzielle Follower nur dein Profilbild, an dem sie sich orientieren können. Das vermittelt ihnen aber noch keinen Grund, warum sie dir weiter folgen sollten. Sie sehen dich zwar als Person, aber sie verbinden noch nichts mit dir.

Wenn du allerdings bereit bist, einige Informationen über deine Person den Usern zur Verfügung zu stellen, können sie sich einfacher mit dir identifizieren. Du wirst nochmals interessanter, und das sorgt wiederum für mehr Follower. Viele bekannte Instagram-Persönlichkeiten geben so beispielsweise Auskunft über ihre berufliche Tätigkeit als Sänger, Sportler oder Schauspieler. Ebenso werden häufig auch Wohnort, Alter, Hobby und Beziehungsstatus preisgegeben. All diese

Informationen tragen zur Identifikation des Users mit dem Star, oder in unserem Fall mit dir, bei.

Gleichzeitig kannst du mit einer passenden Beschreibung eine ganz bestimmte Zielgruppe ansprechen. Gibst du beispielsweise an, dass du 23 Jahre alt bist, kannst du davon ausgehen, dass sich User im selben Alter besonders für deinen Account interessieren. Du bist praktisch einer von ihnen. Neben Identifikation trägt das auch zu deiner Authentizität bei. Diese Eigenschaft wird im Laufe dieser Lektüre noch einige Male auftauchen und noch wichtiger werden. Je besser sich die Menschen mit dir identifizieren können, desto eher werden sie zu deinen Followern werden. Versuche deshalb auch nicht nur nackten Text in deiner Beschreibung zu verwenden, sondern auch passende Emojis, um ihn persönlicher werden zu lassen bzw. Emotionen beim Leser zu wecken.

Solltest du noch in anderen sozialen Netzwerken unterwegs sein, ist es mehr als sinnvoll, deine Accounts zu verknüpfen. Nutze Links, um dir aus Facebook, Twitter, Snapchat usw. ein eigenes kleines Netzwerk aufzubauen. Auch damit stellst du deine Aktivität in sozialen Medien unter Beweis. Vor allem sammelst du so nicht nur auf einer Plattform Follower, sondern verweist sie gleichzeitig auch auf deine anderen Aktivitäten. Du kannst sicher sein, dass nicht jede Person, die Facebook nutzt, auch auf Instagram aktiv ist. Oder umgekehrt. So kannst du beispielsweise auch Leute dazu bringen, sich extra für deinen Account bei Instagram anzumelden. Die Beschreibung eignet sich also perfekt für solche Links, nutze diese Möglichkeit auf alle Fälle.

Doch, damit du eine passende Beschreibung für dein Profil erstellen kannst, ist vorher noch etwas ganz anderes von Bedeutung. Ohne die folgende

Überlegung lässt sich kaum eine geeignete Profilbeschreibung anfertigen.

Was solltest du eigentlich posten? – Dein Thema

Du möchtest groß rauskommen und viele Follower haben. Aus diesem Grund hast du dich für einen offenen Account entschieden und dir ein ansprechendes Profilbild zugelegt. Dir fehlt jetzt noch die Beschreibung, aber ohne Inhalte bzw. ohne dein Thema zu kennen wirst du diese nicht erstellen können.

Am sinnvollsten ist es, nur die relevantesten Sachen von sich preis zu geben. Doch um das tun zu können, musst du wissen, was du überhaupt posten möchtest. Mache dir Gedanken, wofür du bekannt werden willst. Es gibt tausende von unterschiedlichen Themenfeldern und Nischen, in die du einsteigen kannst. Egal, wofür du dich begeisterst, du kannst jedes Thema nutzen. Sport, Musik, Mode, Food, Lifestyle, Autos und vieles mehr stehen dir offen. Wichtig ist nur, dass du möglichst bei einem Thema bleibst. Erzähle deine Geschichte. Instagram spricht in Bildern, also erzähle deine Geschichte in Bildern zu einem bestimmten Thema.

Falls du dich z.B. entscheidest, über Fitness zu bloggen, solltest du zum Großteil auch nur Fotos aus diesem Bereich veröffentlichen. Sicherlich gehören zum Thema Fitness nicht ausschließlich Selfies von dir im Gym, wo du oberkörperfrei Gewichte stemmst oder auf dem Stepper trainierst. Nichts ist ansprechender, als ein abwechslungsreicher Blog. Neben Fotos aus dem Fitnessstudio könntest du beispielsweise ab und an auch Fotos posten, wie du dich ernährst. So wird zwar aus dem reinen Fitness-Blog ein Fitness-Lifestyle-Blog, aber deine Seite bezieht sich nicht ausschließlich auf ein Thema. Du verknüpfst auf deinem Account praktisch zwei Themenbereiche, die eng zusammengehören. So machst du nicht nur Fitnessinteressierte auf dich aufmerksam, sondern auch User, die Wert auf gesunde und leckere Ernährung legen.

Ich denke du kannst mir folgen? Beschränke dich auf ein bestimmtes Gebiet, auf ein Gebiet mit dem man dich und deine Marke identifizieren kann. Gleichzeitig solltest du dich aber auch nicht zu sehr auf ein Thema verkneifen und auch mal etwas Abwechslung in deine Posts bringen. Sei interessant und kreativ, überrasche deine Follower.

Doch was hat das Thema jetzt genau mit dem vorherigen Punkt der Profilbeschreibung zu tun? Nun, eigentlich ist das logisch. Wenn dein Blog, wie im vorherigen Beispiel auf Sport und

Ernährung ausgelegt ist, macht es keinen Sinn zu sagen, dass du gleichzeitig noch Klavier spielst. Das ist eine für deinen Account nebensächliche Information, da du dich ja auf das Thema Sport fokussierst.

Solche Kleinigkeiten entschieden u.a. darüber, ob dein Account und dein Profil einen durchdachten Eindruck machen, oder die anderen User mit unnützen Informationen zumüllen. Erstelle also eine Beschreibung, die so gut es geht zu deinem Thema und deiner Marke passt.

Schritt 3: Was du beim Posten von Fotos beachten solltest

Poste regelmäßig

Instagram ist eine Plattform, wo Fotos im Mittelpunkt stehen. Potenzielle Follower sollen merken, dass dein Blog aktiv ist. Sie wollen regelmäßig mit neuem Content, also Fotos und Videos aus deinem Themengebiet, versorgt werden. Denn dafür schauen sie sich ja deinen Account an. Das bedeutet für dich, dass regelmäßiges Posten unabdingbar ist. Sowohl Fotos, als auch Videos und deine Instagram Story. Natürlich kannst du auch nur eines der drei Möglichkeiten nutzen, um aber das volle Potential deines Accounts auszuschöpfen, solltest du alle drei verwenden. Gerade deine Instagram Story (ähnlich zu Snapchat, kurze Videos und Bilder, die nur eine bestimmte Zeit sichtbar sind) ist etwas sehr persönliches und kann die Bindung zu deinen

Followern ungemein stärken.

Doch wann solltest du am besten Posten? Das hängt zunächst einmal ganz von deiner Bereitschaft ab, deinen Blog zu pflegen. Vordergründig ist hierbei das Stichwort Regelmäßigkeit. Poste deinen Content am besten immer an demselben Wochentag, am besten immer zur gleichen Uhrzeit. Getreu nach dem Motto: „Gleicher Ort, gleicher Tag, gleiche Zeit". Du kannst also einmal in der Woche, dreimal am Tag, oder einmal in Monat etwas hochladen. Hauptsache regelmäßig. So können deine Follower sich daran gewöhnen, zu einer bestimmten Zeit Content von dir zu erhalten. Der Mensch ist ein Gewohnheitstier, das gilt auch für deine Follower. Biete ihnen also eine Möglichkeit, eine neue Gewohnheit für sich zu entdecken, nämlich deinen Content zu konsumieren und dir zu folgen.

Jetzt stellt sich allerdings die Frage, was der beste Rhythmus für das Veröffentlichen deines Contents ist. Bei den schon erreichten Followern darf auf keinen Fall der Eindruck von Inaktivität entstehen. Das würde bedeuten, dass sich einige User wieder von deinem Account abwenden und dir nicht mehr folgen. Der primäre Effekt von regelmäßigem Posting ist es also, die schon vorhandenen Follower bei Laune zu halten. Je nach Follower-Zahl kann es ausreichend sein, alle zwei Tage etwas hochzuladen.

Da du dieses Buch aber liest, um mehr Follower zu gewinnen und sie nicht nur zu halten bzw. wieder zu verlieren, empfiehlt es sich, die Posting-Frequenz etwas in die Höhe zu schrauben. Aber Vorsicht! Es bringt nichts, die Instagram-Welt mit deinem Content zu fluten. Das schreckt User nur ab, da sie dir nicht aufgrund der Quantität, sondern aufgrund der Qualität deiner Fotos folgen werden. Kurzfassung: Spamme nicht rum. Keiner mag Spammer. Veröffentliche am besten maximal zweimal täglich etwas Neues in deinem Blog. Achte dabei wie gesagt auf die Qualität deiner Fotos und behalte stets deine Follower im Hinterkopf.

Bringt der Content, den du als nächstes posten willst, wirklich Mehrwert? Ist er unterhaltend? Leert er eine bestimmte Sache? Ist er inspirierend? Kannst du nicht wenigstens eine dieser Fragen mit ja beantworten, dann überarbeite deinen Beitrag besser nochmal.

Schritt 4: Finde deinen eigenen Stil

Qualitativ hochwertiger Content ist aber nicht der einzige Schlüssel zum Erfolg und zur Bekanntheit. Vorteilhaft ist es, wenn dein Account einen eigenen Stil hat und sich von den anderen Blogs aus deinem Themenbereich unterscheidet. Mach etwas Besonderes, um nicht in der Masse der Blogs und Fotos auf Instagram unterzugehen. Denn ist dir schon mal aufgefallen, dass wirklich große Influencer auf Instagram unterschiedlicher nicht sein könnten? Ja? Genau deshalb ist es so wichtig, dass du dein eigenes Ding findest, und nicht jemanden kopierst. Inspiration holen ja, 1 zu 1 kopieren nein.

„Nischenprodukte“ als Follower-Garant

Willst du beispielsweise einen Food-Blog betreiben, besteht die Gefahr, dass sich dein Blog kaum von denen anderer User unterscheidet. Gute Fotos alleine reichen in diesem Fall einfach nicht aus, denn die gibt es wie Sand am Meer. Und meistens noch viel besser, und schöner, und größer als deine. Postest du jedoch Fotos von Speisen, die außergewöhnlich sind, hast du bessere Chancen.

Eigentlich ist es hier wie in der Wirtschaft. Du bietest den Kunden, in diesem Fall den anderen Usern, etwas, was der Markt noch nicht oder nur selten hergibt. Das sichert dir die nötige Aufmerksamkeit, um neue Follower für deinen Blog und deinen Content zu begeistern. Und damit generierst du eine USP, eine unique selling proposition. Also ein Alleinstellungsmerkmal, was essenziell für gutes Marketing ist.

Wie kannst du deinen Content am besten produzieren?

Neben dem Angebot von solchen „Nischenprodukten“, also ganz speziellen Inhalten zu einem Thema, gibt es noch weitere Aspekte, die einen Instagram Account qualitativ hochwertig und vor allem professionell wirken lassen. Dazu trägt auch ein einheitlicher Stil der Bilderstellung und Bearbeitung bei. Die User sollen erkennen, dass es Fotos von deinem Account sind, die sie als Vorschläge angezeigt bekommen. Sie sollten ein Markenzeichen enthalten und einen Wiedererkennungswert haben.

Diesen Wiedererkennungswert kann man schon beim Produzieren des Contents erzeugen. Entscheide dich, ob du dein Smartphone oder eine andere Kamera für die Fotos und Videos verwenden möchtest. So kannst du sicherstellen, dass sich die Qualität der Fotos nicht unterscheidet. Denn wenn sich ein neuer Follower deinen Blog anschaut und qualitative Unterschiede oder andere komische Differenzen in der Masse der dortigen Fotos feststellt, wird er dich womöglich nicht weiterverfolgen, das wirkt nämlich unseriös.

Zudem kommt es auch ganz darauf an, was du fotografierst. Postest du Content von Sportereignissen oder Konzerten, bei denen es auch mal dunkel sein kann, ist das Smartphone nicht unbedingt die richtige Wahl.

Du hast gemerkt, dass Bildqualität viel ausmacht. Allerdings hört das nicht bei der Wahl der Kamera auf, sondern geht bei der Bearbeitung der Fotos weiter. Instagram bietet seinen Usern eine Vielzahl an Filtern an, die über alle möglichen Fotos gelegt werden können. Egal ob „schwarz-weiß“, „Moon“, „Lark“ oder wie sie alle heißen. Nutze diese Filter, aber sei vorsichtig: Du solltest eher davon absehen, beispielsweise abwechselnd in schwarz-weiß und farbig zu posten. Das ist zwar abwechslungsreich, vermittelt aber den Eindruck von Durcheinander, und das mögen deine Follower gar nicht.

Gestalte daher lieber deinen Inhalt mit den Filtern einheitlich und generiere Abwechslungsreichtum mit unterschiedlichen Motiven und Kameraeinstellungen und Winkeln. Fotografiere nicht wie jeder andere auch, sondern lass dir etwas Besonderes einfallen. Eine Idee wäre zum Beispiel, jedes deiner Fotos mit einem persönlichen Merkmal zu versehen, zum Beispiel mit einem Wasserzeichen deines Logos oder deiner Unterschrift.

Wie du siehst, solltest du einige Kenntnisse im Bereich Fotografie mitbringen, schließlich kommunizierst du mit den Leuten, die dir folgen, hauptsächlich über Fotos. Bilde dich diesbezüglich also auf jeden Fall weiter, um noch qualitativere Fotos zu erstellen.

Schritt 5: Beiträge in den unendlichen Weiten von Instagram

Nutze die Macht der „Hashtags“

Twitter hat diese Dinger eingeführt und erfolgreich gemacht. Hinter jeden Beitrag setzt man dort das allseits bekannte Zeichen „#“ mit einem Schlagwort dahinter. Auch Instagram lebt von diesem kleinen Zeichen, das gemeinhin als Hashtag (Raute) bekannt ist.

Viele User machen sich einen Spaß daraus, die lustigsten, längsten und beklopptesten Hashtags zu erfinden. Den wenigsten von ihnen ist allerdings klar, wozu sie wirklich existieren. Sie fragen sich eher, was die scheinbar unendlichen Hashtags unter jedem Bild eigentlich sollen. Zufälligerweise kann man beobachten, dass die User, die eine Vielzahl an Hashtags unter ihre Beiträge setzen, selber eine recht hohe Anzahl an Followern besitzen. Du sollst nicht zu den Unwissenden gehören. Wenn du weiterliest, erfährst du die wahre Bedeutung der Hashtags und lernst sie richtig für dich zu nutzen.

Eigentlich lässt sich ihre Funktion schon durch die Wortzusammensetzung herausfinden. „Hashtag" ist Englisch und setzt sich aus den Worten „hash" und „tag" zusammen. Der erste Bestandteil bezeichnet die Raute „#". „tag" bedeutet so viel wie „Stichwort". Damit sollte eigentlich schon klar sein, wozu Hashtags dienen. Sie bieten dir die Möglichkeit, deine Beiträge mit Stichworten zu versehen und sie so zu kategorisieren.

Alles was kategorisiert werden kann, kann dementsprechend von anderen Usern auch leichter in den Massen an Beiträgen gefunden bzw. gefiltert werden. Nicht nur bei Twitter lässt sich das Netzwerk auf bestimmte Hashtags durchsuchen. Auch Instagram hat diese Funktion eingeführt. Suchst du beispielsweise nach dem Hashtag „#bundelsliga“ wirst du 99% aller Beiträge finden, die Ereignisse rund um die Fußballbundesliga darstellen. Genau diese Suchfunktion kannst du dir ebenfalls für deinen eigenen Blog zunutze machen. Suche dir für deinen Beitrag so viele passende Hashtags wie möglich aus. Sie sollten das Dargestellte in der Summe möglichst genau beschreiben. Vorschläge für bekannte Hashtags zu deinem Thema findest du auch zuhauf im Internet. Suche einfach auf Google danach und du wirst unzählige Vorschläge für empfehlenswerte Hashtags erhalten.

Bedenke dabei immer, dass auch bei den Hashtags wieder die Reichweite von großer Bedeutung ist. Am einfachsten lässt sich das an dem Beispiel einer Bekleidungsmarke erklären. Jeder User kennt beispielsweise die Sportmarken Nike und

Adidas. Postest du also ein Foto, auf dem du grade ein T-Shirt von Adidas und ein Paar Schuhe von Nike trägst, liegt es nahe, wenn du „#adidas“ und „#nike“ unter dein Foto setzt. Diese beiden Hashtags haben eine so dermaßen große Reichweite, dass garantiert irgendwer dein Bild findet.

All das funktioniert, weil diese beiden Hashtags zu den Beliebtesten und Meistgenutzten der Welt gehören. Je mehr du also von solchen bekannten Hashtags unter dein Foto setzt, desto größer wird die Chance, andere User auf dich aufmerksam zu machen. Hast du dann noch ein ästhetisches und ansprechendes Foto gepostet, kannst du dir eines Likes und im besten Falle sogar eines neuen Followers sicher sein. Alles klar bisher? Dann geht es jetzt ein bisschen weiter in die Tiefen des Hashtag-Universums.

Kombiniere Hashtags, Bildunterschriften und Standorte

Das Problem ist, dass Hashtags unter einem Beitrag alleine sehr unpersönlich und trist wirken. Dem Besucher deines Blogs fehlt so deine persönliche Bindung zu dem Bild. Denn das Bild und seine Hashtags erzählen noch nicht die Story, die hinter deinem Beitrag steckt. Klar, viele sagen „ein Bild sagt mehr als tausend Worte“, doch wir sind ja nicht in einer Kunstgalerie, wo man stundenlang ein Bild betrachtet. Wir sind im schnelllebigen Internet und wir wollen mehr Follower. Deshalb ist eine Bildunterschrift für deinen Content ebenfalls unverzichtbar.

Erstens hat der Besucher deines Blogs das Gefühl, näher am Geschehen zu sein und zweitens steigert eine passende Bildunterschrift deine Authentizität. Da haben wir es wieder, dieses Zauberwort. Es geht darum, authentisch zu wirken und eine möglichst große Bindung zu dem potenziellen Follower aufzubauen. Das gilt überall im Marketing, nicht nur auf Instagram. Hashtags alleine können das aber leider nicht erreichen. Sie können nicht berichten, in welchem Rahmen und mit welcher Story das Foto entstanden ist. Nur eine Bildunterschrift kann dem User mitteilen, in welchem Restaurant du beispielsweise essen warst oder welchen See du warum, wo und wie fotografierst und gepostet hast.

Wenn du diese beiden Elemente, Hashtag und Bildunterschrift, nicht stumpf voneinander abgegrenzt lassen willst, gibt es auch eine elegantere Lösung. Ansprechender ist es natürlich, die beiden Elemente zu verbinden. Baue nach Möglichkeit schon einige Hashtags in die Bildunterschrift mit ein. Das macht Eindruck auf jeden potenziellen Follower und zeigt, dass du kein Amateur im Umgang mit Instagram bist.

Angenommen, du möchtest nicht nur deutsche User mit deinen Beiträgen erreichen, empfiehlt es sich, die Bildunterschrift entsprechend in einer anderen Sprache zu verfassen. Im Idealfall sprichst du die anderen User selbstverständlich auf Englisch an. So wirst du, dein Beitrag und seine Geschichte international verstanden. Im Zeitalter der Digitalisierung spricht so gut wie jeder Internet- und vor allem Social-Media Nutzer Englisch. Wenn dich also so gut wie jeder versteht, sind auch die Chancen größer, internationale User für sich zu begeistern und sie zu Followern zu machen. Am besten du gestaltest deine Inhalte also schon von Anfang an in Englisch. Netter Nebeneffekt: Du verbesserst dein Englisch, und die Vorteile davon brauche ich dir wohl nicht zu sagen.

Wenn du die Geschichte hinter deinem Beitrag komplett erzählen willst, solltest du außerdem noch den Standort hinzufügen, wo das Foto entstanden ist. Wenn dort beispielsweise eine Sehenswürdigkeit angegeben ist, steigt wieder die Reichweite deines Beitrags, wenn von anderen Usern nach der Sehenswürdigkeit gesucht wird. Du kannst ebenfalls andere Personen, z.B. Freunde, auf den Bildern markieren. Gleichzeitig kannst du davon ausgehen, dass du in Beiträgen deiner Freunde markiert wirst, sodass zusätzlich User auf dich aufmerksam werden, obwohl sie eigentlich das Profil deines Freundes besucht haben. Deine Freunde fungieren für dich sozusagen als Multiplikatoren.

Wie du siehst, ist Instagram deutlich komplexer, als man als Anfänger glauben mag. Außerdem wird die Plattform regelmäßig aktualisiert und es kommen stets neue Funktionen dazu. Was bedeutet das für dich? Nutze alle Möglichkeiten, die dir Instagram bietet, und sei einer der ersten, der neue Funktionen nutzt, wenn sie erscheinen. Werde ein Experte in allen Bereichen, die Instagram zu bieten hat, und die Follower werden dir buchstäblich nachlaufen.

Schritt 6: Wem solltest du folgen, damit du Follower gewinnst?

Kein „Follow for Follow“, kein spammen und keine Follower kaufen!

So, du hast nun deinen Account komplett mit allem Drum und Dran eingerichtet und schon ein paar Follower ergattert. Aber es gibt noch andere Möglichkeiten, einem guten und ansprechenden Account zu einer hohen Anzahl an Followern zu verhelfen, als die, die ich dir bisher bereits genannt habe.

Dubiose Varianten um Follower zu gewinnen sind zwar die schnellsten, machen aber nicht wirklich erfolgreich und berühmt, vor allem nicht langfristig. Man könnte behaupten, dass solche Follower keine Echten sind. Grundsätzlich sind sie einfache Fakes, um die Zahl der Abos zu erhöhen. Lass davon am besten die Finger und konzentriere dich auf die wirksamen Methoden! Du arbeitest auf Instagram nämlich nicht mit der Zahl der Abonnenten, sondern mit den Menschen die dahinter stecken. Accounts mit „Fake Followern“ erkennt man zum Beispiel oft schnell daran, dass sie viel mehr Leuten folgen, als sie selbst Follower haben.

Also: Bestimmt hast du schon mal nach Methoden gegoogelt um schnell neue Follower auf Instagram zu gewinnen, stimmt’s? Erwischt. Am besten vergisst du das alles ganz schnell wieder. Denn mal eben auf Fiverr oder anderen Freelancer-Portalen 10.000 Follower für 5€ zu kaufen, bringt dir nämlich genau gar nichts. Was sind die Folgen davon? Erstmal hast du 5 € weniger. Und im schlimmsten Fall zerstörst du den Ruf deines Instagram Accounts damit, weil bekannt wird, dass du Follower kaufst. Willst du das? Nein.

Also immer auf faire und langfristig sinnvolle Methoden zum akquirieren neuer Follower vertrauen.

Sei aktiv, Liken und Kommentieren!

Poste nicht nur regelmäßig Content, sondern sei auch anderweitig aktiv! Instagram ist ebenfalls ein soziales Netzwerk, das auf Kommunikation und Interaktion beruht. Scheu dich also nicht davor, Beiträge von deinen Followern und anderen Usern zu liken und zu kommentieren.

Du magst das vielleicht zunächst als Support für konkurrierende Accounts ansehen, aber auch diese Form der Aktivität kann das Interesse der User an dir steigern. Sinnvolle Kommentare unter Fotos anderer User, die sich mit demselben Thema wie du befassen, sind beispielsweise ein probates Mittel, um auf sich aufmerksam zu machen.

Nutze die Funktion, die entsprechenden User in deinen Kommentaren zu markieren, damit sie auf dich aufmerksam werden. Und nein, mit sinnvoll meine ich keine Hater-Kommentare, Beleidigungen und sowas in der Art. Sowohl positive, als auch angebrachte negative Kritik kann dir neue Follower einbringen.

Du stellst deine Kompetenzen in diesem Bereich zur Schau und kannst mit Expertise auf dich aufmerksam machen. Gleichwohl kann eine solche Aktivität auch dafür sorgen, dass du von anderen Usern supportet wirst. Auch hier können Verlinkungen eine ganz wichtige Rolle spielen. Also nutze dein bisheriges Wissen und deine Fähigkeiten auch in diesem Bereich! Instagram ist ein soziales Netzwerk. Was heißt das für dich? Ganz einfach, sei sozial und du wirst ganz vorne mitspielen. Like, Kommentiere, unterstütze andere Influencer auf Instagram, bau dir ein Team auf.

Gemeinsam kann man Ziele viel schneller erreichen, das gilt auch für Instagram. Nutze auch die Möglichtkeit, DMs (direct messages) zu versenden. Damit kannst du potentielle Partner direkt anschreiben und um eine eventuelle Zusammenarbeit fragen.

Folge großen Accounts

Des Weiteren hast du die Möglichkeit, großen und gefragten Accounts, beispielsweise von Stars wie Beyoncé oder The Rock, zu folgen. Diese Variante funktioniert mit Hilfe des Instagram-Algorithmus. Wenn du einem Account neu folgst, wirst du von Instagram automatisch ganz oben in den Feed dieses Accounts gesetzt. Wenn nun Nutzer auf die Liste mit den Abonnenten dieses Accounts klicken, wirst du dort ganz oben angezeigt. Auch können weitere Instagram-Nutzer auf dich aufmerksam werden und deinen Blog besuchen, wenn dein

Profilbild ansprechend ist und dein Account ansprechend wirkt.

Natürlich bleibst du nicht ewig ganz oben in der Liste der Follower eines großen Accounts, denn es kommen ja immer mehr Follower dazu. Aber auch hier gibt es einen Trick. Nachdem du nun schon ein, zwei Stunden diesem Account folgst, „entfolgst" du ihn einfach wieder. Danach kannst du wieder auf den „Folgen"-Button klicken und das Spiel geht wieder von vorne los. Bei je mehr großen Accounts du das machst, desto mehr Follower kannst auch du gewinnen. Aber achte dabei auch darauf, dass du diese Methode nicht zu oft bei zu vielen Accounts anwendest. Denn das fällt irgendwann auf. Auch hier gilt also: Nicht übertreiben. Nutze diesen geheimen Tipp gerne für dich, aber sei entsprechend vorsichtig dabei und versuche keinesfalls, hauptsächlich darüber Follower zu gewinnen.

Kurzfassung: Sei da, wo andere sind. Das war’s. Wo treiben sich Instagram Nutzer gerade am meisten herum? Welche Accounts besuchen sie regelmäßig? Welche Hashtags sind gerade in? Genau danach solltest du Ausschau halten und in diesen Bereichen möglichst aktiv sein und kommentieren, liken etc. Dann werden Follower kommen, garantiert.

Fazit zu Instagram

Damit wärst du am Ende angelangt. Hoffentlich hast du einige Tipps mitgenommen, wie du von Anfang an einen guten Instagram Account aufbaust, der dir viele Follower bringt.

Wie du siehst, reicht es nicht, einfach nur nach Lust und Laune Fotos hochzuladen, die du auf die Schnelle mit deinem Smartphone aufgenommen hast. Vielmehr steckt hinter jedem erfolgreichen Account ein gut durchdachtes Konzept mit einer Idee, professionelles Marketing eben. Planlos in die Instagram-Welt einzusteigen ist zwar auch eine Option, diese führt dich aber nicht direkt dorthin, wo du am Ende landen möchtest, sondern genau in die verkehrte Richtung. Ohne Plan viele Follower zu gewinnen, ist nahezu unmöglich. Also komm weg von der „Ich bin so toll mir wollen sowieso alle folgen“-Mentalität und arbeite an deinem Account und deinem Branding, nur so wirst du erfolgreich. Genau das machen alle anderen großen Instagram Influencer nämlich auch.

Doch auch ein Plan alleine reicht nicht, um erfolgreich und bekannt zu werden. Kreativität, Einfallsreichtum und Technik sind ebenfalls Eigenschaften, ohne die es sehr schwer wird, einen erfolgreichen Instagram-Blog zu führen. Doch wie du gelesen hast, nützen dir diese drei Dinge nicht viel, wenn du keine User auf dich aufmerksam machen kannst. Aufmerksamkeit ist wohl am wichtigsten, wenn man auf Instagram hoch hinaus möchte. Wissen und geschickter Umgang mit den Möglichkeiten, die Instagram dir gibt, sind ein Schlüssel für die nötige Aufmerksamkeit.

Vor allem aber solltest du verstehen, wie die Instagram-Gemeinde als Ganzes funktioniert. Nicht umsonst wird auch von Instagram-Marketing gesprochen. Denn alles, was du für das Gewinnen von Followern unternimmst, ist eigentlich nichts anderes, als eine neue, digitale und auf Instagram zugeschnittene Form des Marketings.

Zudem lässt sich Konkurrenz nicht vermeiden. Aber sieh es mal aus einer anderen Perspektive: Konkurrenz kann dir helfen, noch erfolgreicher zu werden. Nutze sie, sei aktiv und kapsle dich nicht ab. Ganz im Gegenteil, unterstütze große Accounts und lass dich dort sehen, zeig was du kannst und die Follower werden nicht lange auf sich warten lassen. Instagram funktioniert nämlich nur als Community und nicht als Einzelkämpfer. Nur wenn du auch andere User unterstützt, kannst du auch auf deren Support hoffen. Behalte das immer im Hinterkopf.

So, nun hast du die Grundlagen des Instagram-Marketings kennengelernt. Berücksichtige sie und baue dir deinen eigenen, ganz persönlichen Weg nach oben, dann werden die Follower nicht lange auf sich warten lassen.

Schlusswort

Herzlichen Glückwunsch! Du verfügst nun über die notwendigen Skills, um deine Social Media Präsenz auf Facebook, Youtube und Instagram in nur kurzer Zeit sehr erfolgreich zu machen und deine unwissende Konkurrenz bei den Anfängern links liegen zu lassen.

Behalte allerdings stets im Hinterkopf, dass du nur dann Fortschritte machen wirst, wenn du das Wissen aus diesem Buch auch umsetzt. Deshalb mache dich gleich an die Arbeit, solange dein erlerntes Wissen noch frisch ist und du wirst schon bald Erfolge sehen!

Halte dich stets an faire Methoden um neue Follower zu gewinnen und versuche niemals, Follower käuflich zu erwerben oder Ähnliches. Ich möchte das hier noch einmal deutlich klarstellen, da es mir besonders wichtig ist. Das nagt nämlich enorm an deinem guten Ruf und kann dich und deine Marke komplett zerstören. Halte also ganz viel Abstand von solchen dubiosen Methoden, um von heute auf morgen plötzlich eine komplett unrealistische Zahl an Followern zu generieren, egal auf welcher Social Media Plattform du tätig bist.

Ich glaube an dich und wünsche dir viel Erfolg auf deinem Weg!

Sollte dir dieses Buch gefallen haben und du hast das Gefühl, wertvolle Tipps darin gefunden zu haben, dann empfiehl es doch deinen Freunden weiter und gib dem Buch auf Amazon eine gute Rezension, ich würde mich freuen.

1. Auflage

Kontakt: Armin Ramoser/ Mittelberg 107/ 39054 Ritten/ Italien

e-Mail: ramoser.armin@gmail.com

Covergestaltung: Armin Ramoser

11407056R00098

Printed in Germany
by Amazon Distribution
GmbH, Leipzig